Sergej O. Prokofieff

Der Pfingstimpuls
und das Wirken des Christus
im Sozialen

Sergej O. Prokofieff

Der Pfingstimpuls und das Wirken des Christus im Sozialen

Verlag Freies Geistesleben

Von Sergej O. Prokofieff sind im Verlag Freies Geistesleben
außerdem erschienen:

*Rudolf Steiner und die Grundlegung
der neuen Mysterien*

*Der Jahreskreislauf als Einweihungsweg
zum Erleben der Christus-Wesenheit*

Der Jahreskreislauf und die sieben Künste

Die okkulte Bedeutung des Verzeihens

*Menschen mögen es hören. Das Mysterium
der Weihnachtstagung*

*Die esoterische Bedeutung gemeinsamer
geisteswissenschaftlicher Arbeit*

*Das Mysterium der Auferstehung
im Lichte der Anthroposophie*

1. Auflage 2009

Verlag Freies Geistesleben
Landhausstraße 82, 70190 Stuttgart
Internet: www.geistesleben.com

ISBN 978-3-7725-2095-2

Inhalt

Vorwort

Der Inhalt dieses Buches besteht aus zwei Teilen. Der erste ist das Autoreferat des Vortrags, den ich zu Pfingsten 2000 anlässlich der internationalen Konferenz *Die Entwicklung der Anthroposophie in Russland im Lichte des Pfingstfestes. Die Erneuerungskräfte in der gegenwärtigen Menschengemeinschaft* gehalten habe. Diese Konferenz wurde von der Russischen Anthroposophischen Gesellschaft in Moskau ausgerichtet.

Der zweite Teil ist dem Thema des «umgekehrten Kultus» gewidmet, der das Herzstück jeder Zweigarbeit sein muss, wenn diese allmählich zur Fortsetzung des Pfingstereignisses in der Gegenwart werden will. Auf diese Weise sind die beiden Teile innerlich miteinander verbunden.

Das Ganze kann als eine Fortsetzung meines im vorigen Jahr ebenfalls im Verlag Freies Geistesleben erschienenen Buches *Die esoterische Bedeutung gemeinsamer geisteswissenschaftlicher Arbeit* betrachtet werden.

An dieser Stelle möchte ich meinen herzlichen Dank Dr. Julia Selg und Anna S. Fischer gegenüber zum Ausdruck bringen, die jede einen Teil des ersten Textes aus dem Russischen übersetzt haben.

Dornach, Januar 2009   *Sergej O. Prokofieff*

1. Das erneuerte Pfingsten als Quell der sozialen Kräfte der Zukunft

Das Eintreten des Christus in das menschliche Ich

Über das Ereignis des Pfingstgeschehens wird am Anfang des zweiten Kapitels der Apostelgeschichte berichtet. Wenn wir versuchen, das Bild des damals Geschehenen vor uns hinzustellen, so können wir verblüfft sein von der wunderbaren Genauigkeit und Tiefe, mit der dieses höchst wichtige Ereignis in der Entwicklung des Christentums im Neuen Testament beschrieben ist.

Zu Beginn erscheint vor uns das Bild der Gemeinschaft der zwölf Apostel als Vertreter der ganzen Menschheit in ihren geistigen Hauptströmungen der Vergangenheit, Gegenwart und Zukunft. Diese Gemeinschaft befindet sich im Zustand der Erwartung, der Vorahnung eines gewissen wichtigen Ereignisses. Die Gemeinschaft weiß, dass sich dieses Ereignis nur unter einer Bedingung vollziehen kann, einer Bedingung, mit der nämlich das zweite Kapitel der Apostelgeschichte beginnt: «Und als der Tag der Pfingsten erfüllt war, waren sie alle [die Jünger] einmütig beieinander» (2,1). Dies ist die einzige Vorbemerkung und zugleich überaus wichtige Bedingung für das Eintreten der erwarteten Ausgießung des Heiligen Geistes.

Das Nahen dieses Ereignisses wird zunächst als ein Wehen beschrieben, als Windesbrausen. Verstehen können wir dieses Bild nur, indem wir uns erinnern, dass die althebräische Sprache «Wind» und «Geist» mit ein und demselben Wort ausdrückt («ruach»). So erwarten die

Jünger das Erscheinen des Geistes, der sich gleichsam als mächtiger Wind ankündigt. Doch dann geschieht etwas Erstaunliches. Der von oben herabkommende Heilige Geist überschattet die Jünger nicht etwa gleich einer Wolke, die sie alle in sich aufnähme, sondern im Gegenteil – er erscheint ihnen als einzelne Feuerzungen. Wir könnten heute sagen: als individualisierte Einzelflammen. Und jedes dieser Zünglein verweilt auf dem Kopf jeweils eines der Apostel. Dies ist ein außergewöhnlich bedeutsames Bild: Die himmlische Flamme kommt zunächst hernieder auf die Häupter der Jünger, um dann durch ihre Häupter in die Herzen zu dringen. Es erwacht dadurch in ihnen eine vollkommen neue Fähigkeit: die Fähigkeit, in einer besonderen Sprache zu sprechen, die jedem Menschen, jedem menschlichen Herzen verständlich ist. Es ist dies keine äußere Sprache, nicht irgendein «Esperanto», sondern die ursprüngliche Sprache des Herzens, die von Seele zu Seele spricht und deshalb jedem Wesen verständlich ist, das den Namen «Mensch» trägt.

Im Ganzen gesehen haben wir es also mit einer bestimmten Aufeinanderfolge der Ereignisse zu tun. Zu Anfang vollzieht sich eine Individualisierung des Heiligen Geistes, die darin besteht, dass ein jeder seinen eigenen, unwiederholbaren Geistesimpuls erhält – sein Zünglein geistiger Flamme –, wobei sich dieses genau mit dem Organ verbindet, welches beim Menschen am stärksten individualisiert ist, mit seinem Haupt. Danach senkt sich der Heilige

Geist in einer mächtigen Bewegung weiter vom Himmel zur Erde herab, durchdringt und erfüllt mit geistigem Feuer das menschliche Herz. Jetzt erkennt jeder der Jünger diesen Geist, den er individuell empfangen hat, indem er sein Herz durchdringt, als den Einen Geist. Er ist ein und derselbe in allen Menschen, die ihn empfangen haben. Daher fühlen sich die Jünger, dank seines Wirkens, in einer neuen Gemeinschaft vereinigt.

Die angeführte Beschreibung des Pfingstereignisses lässt eine entscheidende Stelle aus dem Buch *Die Philosophie der Freiheit* von Rudolf Steiner besser verstehen. In diesem finden wir zunächst die erste volle Begründung des Individualismus in der gegenwärtigen Epoche der Bewusstseinsseele. Rudolf Steiner berichtet darüber: «Daher hat man eben meine ‹Philosophie der Freiheit› die Philosophie des Individualismus im extremsten Sinne genannt» (GA 212, 7.5.1922). Aus diesem auf die Spitze getriebenen Individualismus ergab sich dann für Rudolf Steiner mit Notwendigkeit die Frage, wie solche bis ins Extrem individualisierten Menschen der Zukunft sich dann als freie Geister in einer neuen Gemeinschaft finden könnten. Als Antwort auf diese Frage kommen dann in *Die Philosophie der Freiheit* die bemerkenswerten Worte: «Nur weil die menschlichen Individuen eines Geistes *sind*, können sie sich auch nebeneinander ausleben. Der Freie lebt in dem Vertrauen darauf, dass der andere Freie mit ihm einer geistigen Welt angehört und sich in seinen Intentionen mit ihm begegnen wird» (GA 4, Kap. IX; kursiv Rudolf Steiner). In diesem gemeinschaftlichen Geist, der alle freien Menschen verbindet, weil sie ihrem Wesen nach der gleichen geistigen Welt angehören, kündigt sich schon jener Pfingstgeist an, der seinen Ursprung an der Zeitenwende hatte und später, bei der Weihnachtstagung 1923/24 zur Begründung der Allgemeinen Anthroposophischen Gesellschaft zur vollen Erscheinung kam.

Gewöhnlich wird das Pfingstereignis so verstanden, dass sich den Jüngern durch die Ausgießung des Heiligen Geistes etwas Neues auf der Erkenntnisebene eröffnete – der Geist erleuchtete sie, begabte sie mit allumfassender Weisheit. Aber in Wirklichkeit geht dieses Ereignis viel tiefer. Auf die Apostel senkte sich nicht nur ein neues Wissen nieder, sondern durch die Vermittlung des Heiligen Geistes vereinigte sich Christus selbst mit ihrem inneren Wesen.

In der Zeit Seiner Wanderschaft durch Palästina begleiteten die Jünger den Christus zuerst nur auf äußerliche Weise, denn ihr menschliches Bewusstsein war noch nicht in der Lage, die ganze Bedeutung der Ereignisse, deren Zeuge sie waren, zu umfassen. Als sich jedoch das zentrale Ereignis der gesamten Erdenentwicklung vollzog, das Mysterium von Golgatha, zerstreuten sich die Jünger – außer einem, von dem wir noch besonders sprechen werden –, und keiner von ihnen konnte lebendiger Augenzeuge dieses Mysteriums werden. In seinen dem Fünften

14

Evangelium gewidmeten Vorträgen macht uns Rudolf Steiner darauf aufmerksam, dass das Bewusstsein der Apostel zu dieser Zeit immer mehr in einen besonderen, traumartigen Zustand versunken war, ihre geistigen Kräfte reichten nicht aus, um dieses zentrale Ereignis der Erden-entwicklung in vollständiger Wachheit mitzuerleben (GA 148, 2.10.1913). Infolgedessen setzt sich der Prozess ihrer Entfernung von Christus, mit dem sie drei Jahre lang durch Palästina gezogen waren, nach dem Mysterium von Golga-tha weiter fort, bis er schließlich in Seiner Himmelfahrt kulminiert. Jetzt ist die Verbindung mit dem Christus für die Jünger endgültig abgerissen. Es brechen jene geheim-nisvollen zehn Tage zwischen Himmelfahrt und Pfingsten an, die ihre Vollendung finden in dem, was wir als neue Erscheinung des Christus bezeichnen können, jetzt aber in den Seelen dieser Menschen.

Hier eröffnet uns Rudolf Steiner einen erstaunlichen Zusammenhang, der zwischen der Erscheinung des Chris-tus in den Seelen der Menschen und dem Wirken des Heiligen Geistes in ihnen besteht. Diesen Zusammenhang können wir mit Hilfe des folgenden Bildes erhellen: Stel-len wir uns vor, es solle mitten unter die Menschheit die Sonne selber treten. In der physischen Welt ist sie ungefähr hundertmal größer als die Erde. Und wenn wir uns all ihre Energie vorstellen, so ist sie unermesslich viel stärker als alles, was ein Erdenmensch aushalten kann. Schon in eini-gen Kilometern Höhe über der Erde kann der Mensch sich nicht ohne Schutzvorkehrungen aufhalten, weil die Sonnenkräfte zu stark sind. Und nun stellen wir uns vor, dass die ganze Fülle der Sonnenkräfte und -energien in einen einzigen Menschen eintreten sollte. Physisch wäre so ein Mensch in einem Augenblick verbrannt und vernichtet, in einer Tausendstelsekunde. Etwas Ähnliches, nur auf der seelisch-geistigen Ebene, geschähe mit einem Menschen, in dessen Seele das göttliche Wesen des Christus einträte. Denn nicht ein einziges menschliches Ich könnte seine überkosmische Größe aushalten. Und doch sehen wir: Menschen, die in sich den Impuls des Christus aufnehmen, gehen nicht zugrunde, verlieren nicht ihr Ich, sondern – im Gegenteil – beschreiten den Weg einer neuen geistigen Entwicklung. Und hier eröffnet uns Rudolf Steiner das Geheimnis, warum dies so geschieht. Es liegt daran, dass der Christus nicht direkt in die Seelen der Menschen eintritt, sondern *durch Vermittlung* derjenigen Wesenheit, die im Christentum Heiliger Geist genannt wird (GA 214, 30.7.1922). Dank dieser Tatsache kann der Christus in jedem menschlichen Ich anwesend sein, ohne es durch Seine überkosmische Größe auszulöschen, sondern ihm im Gegenteil wahrhaft unabsehbare Möglichkeiten individueller Entwicklung eröffnen.

So können wir also sagen: An Pfingsten tritt, durch Vermittlung des Heiligen Geistes, Christus selbst in das menschliche Ich ein. Nicht ein Wissen über Ihn, sondern Sein göttliches Wesen selbst beginnt nun im Innern der

Menschenseele zu wirken. Und als die Apostel in die Welt gehen, um den Menschen die heilige Botschaft vom Auferstandenen, von der Auferstehung zu verkünden, bringen sie den Menschen nicht nur ein Wissen über den Christus, sondern vor allem Seine lebendige Kraft, die Kraft Seiner Gegenwart, jedoch vermittelt durch den Heiligen Geist. Von diesem Geheimnis sprechen sie von nun an zu den Menschen – in der einfachsten und zugleich tiefsten, jedem verständlichen Sprache: der Sprache des Herzens.

Rudolf Steiner hat mehrfach darauf hingewiesen, dass das Christentum bis heute nicht entstanden wäre, wenn der Christus hätte warten sollen, bis Er in der Menschheit verstanden würde. Aber der Christus wartete nicht, bis die Menschen ihn verstünden, sondern trat selbst herein, zuerst durch die Apostel, dann durch andere Menschen, die sich ihm verbunden hatten – er trat unmittelbar als lebendiger Impuls in die gesamte historische Entwicklung der Menschheit hinein. Der Christus wirkte zunächst im menschlichen Willen, weshalb diese Menschen Taten vollbringen konnten, die uns heute, wenn wir die Apostelgeschichte lesen, fast unglaublich scheinen. Dies hat seinen Grund darin, dass Er in jener Zeit weniger über die Erkenntniskräfte der ersten Christen wirkte, als vielmehr über die Kräfte viel tieferer Wesensschichten.

Das Wirken des Christus-Impulses im Wollen, Fühlen und Denken

Im Weiteren geschieht bezüglich der Erkenntnis des Christus noch etwas ganz Besonderes. Rudolf Steiner hat darauf hingewiesen (GA 182, 16.10.1918), dass selbst die Apostel ein vollständiges Verstehen des Mysteriums von Golgatha sowie dessen Zusammenhang mit dem gesamten Kosmos erst ungefähr zweihundert bis dreihundert Jahre nach ihrem Tode erlangen konnten, als sie sich schon in der geistigen Welt befanden. Vom Gesichtspunkt der Anthroposophie aus eröffnet dies für uns noch eine ganz andere Perspektive zum Verständnis des Mysteriums von Golgatha – eines Ereignisses von solcher Größe, dass sogar die am allerbesten vorbereiteten Menschen Jahrhunderte der Betrachtung in den geistigen Welten benötigten, um es wirklich zu erfassen. Doch dann, als sie ein tatsächliches Verständnis erlangt hatten, begannen sie, dafür besonders geeignete Erdenmenschen aus den geistigen Welten zu inspirieren. Besonders in der Geschichte des frühen Christentums gibt es zahlreiche Beispiele dafür, wie die Apostel und ihre Schüler aus den höchsten Welten inspirierend auf Erdenmenschen einwirkten. Daher entsteht im 3., 4., 5. Jahrhundert in der christlichen Welt ein erstaunliches Bestreben, das Mysterium von Golgatha zu *verstehen*. Zumindest ein Beispiel sei hier angeführt: die christliche Lehre von der Heiligen Dreifaltigkeit, vom

Verhältnis des Christus zur Heiligen Dreifaltigkeit. In dieser Lehre haben wir so erstaunlich feine Begriffsbildungen wie «nicht in eins fallend und unteilbar» oder «geboren, aber nicht erschaffen». In den Evangelien finden wir eine so ausgearbeitete Lehre über die Heilige Dreifaltigkeit noch nicht. Das liegt daran, dass die Trinitätslehre aus den beschriebenen Inspirationen durch die Apostel stammt, die, als sie in der geistigen Welt das ganze kosmische Ausmaß des Mysteriums von Golgatha erfasst hatten, von dort aus die am weitesten vorbereiteten Menschen der folgenden Jahrhunderte inspirierten, welche den Weg der christlichen Einweihung gegangen waren. In den Arbeiten vieler früher Kirchenväter können wir Spuren ihrer Inspirationen entdecken.

Aber die Entwicklung des Christentums geht weiter. Während in den ersten Jahrhunderten des christlichen Zeitalters der Christus-Impuls mehr im menschlichen Willen wirkte, tritt der Christus vom 11., 12., 13. Jahrhundert an in den Bereich des menschlichen Fühlens ein. Blicken wir in diesem Zusammenhang auf eine Gestalt wie Franz von Assisi. Bei ihm haben wir es mit einem Menschen zu tun, dessen Seele ganz und gar vom Christus-Impuls durchdrungen war und der deshalb in allen leidenden Menschen den Christus sah, sogar in den am meisten Ausgestoßenen unter ihnen, den Aussätzigen. Und wenn wir erfahren, dass Franz von Assisi (1182–1226) mit seinem Mitleid, seiner Liebe sie sogar heilen konnte, dann beginnen wir, die ganze Tiefe und die unbegrenzten Möglichkeiten des durchchristeten Fühlens zu ahnen, das in dieser Zeit auftritt. Oder nehmen wir ein Beispiel aus einer späteren Zeit. (Unter den besonderen geistesgeschichtlichen Bedingungen Russlands erhalten sich dort frühere Entwicklungsstufen noch bis in spätere Zeiten.) Schauen wir auf den großen Heiligen Serafim von Sarow (1759–1833), über den Rudolf Steiner im Gespräch mit Margarita Woloschin sagte, dass in ihm eine der größten Individualitäten der Menschheit inkarniert gewesen sei, die jedoch in dieser Inkarnation als Serafim von Sarow die Aufgabe auf sich genommen habe, in der Menschheit durch die Sphäre des Gefühls zu wirken, durch das Mitleiden.

Aus der Anthroposophie ist bekannt, dass wir gegenwärtig im Zeitalter der Bewusstseinsseele leben sowie in einer Zeit, die von einem neuen Zeitgeist geleitet wird – von Michael. Außerdem endete im Jahr 1899 in der Erdentwicklung das dunkle Zeitalter, das Kali Yuga. Wir durchleben daher heute eine ganz besondere geistesgeschichtliche Konstellation. Sie hat zur Folge, dass jener zentrale christliche Impuls, der anfangs in der Sphäre des Willens wirkte und dann in der des Gefühls, nun nach und nach in das menschliche Bewusstsein eintreten muss. Und das bedeutet, dass wir, statt mehr oder weniger unwissende Nachfolger des Christus (als nur Gläubige) zu bleiben, nunmehr auch *Wissende* werden sollen. Oder, um diese neue Lage der Dinge mit den Worten des Evangeliums auszudrücken:

Aus Knechten Gottes sollen wir nach und nach zu Seinen Freunden werden (Joh. 15,15), die den Plan des göttlichen Weltenbaus kennen, einschließlich aller Entwicklungsgesetze, Ziele und Aufgaben des Menschen und vielem anderen, von dem uns die Anthroposophie spricht. So können wir dank der Anthroposophie nach und nach *bewusste* Mitarbeiter Christi an den Aufgaben der Führung der Menschheit werden. Anders gesagt, etwas Neues muss in unserer Zeit die allgemeine Entwicklung des Christentums fruchtbar machen. Und kommen kann dies nur aus dem Quell des esoterischen Christentums, dessen Vertreter die Anthroposophie ist.

Am Ursprung des esoterischen Christentums:
das «zweite» Pfingsten

Verfolgt man die Entstehung des esoterischen Christentums bis an die Zeitenwende zurück, so kann man tatsächlich jenen Moment auffinden, an dem es begründet wurde. Dies geschah infolge eines besonderen Ereignisses, das dem Pfingstimpuls verwandt war. Wenn wir uns mit der Heiligen Schrift bekannt machen, können wir entdecken: Über die Herabkunft des Heiligen Geistes wird in ihr nicht nur in der Apostelgeschichte gesprochen, sondern auch im vorletzten Kapitel des esoterischsten der

Evangelien, des Johannes-Evangeliums. In ihm wird darauf verwiesen, dass die Sendung des Heiligen Geistes nicht erst fünfzig Tage nach dem Mysterium von Golgatha geschah, sondern schon am ersten Ostertag, unmittelbar nach der Auferstehung des Christus. – Ich möchte hier diese Evangelienstelle anführen, da dieses Ereignis von unermesslicher Bedeutung für die ganze folgende Erdenentwicklung ist: «Am Abend aber desselben ersten Tages der Woche, da die Jünger versammelt und die Türen verschlossen waren aus Furcht vor den Juden, kam Jesus und trat mitten ein und spricht zu ihnen: Friede sei mit euch! Und als er das sagte, zeigte er ihnen die Hände und seine Seite. Da wurden die Jünger froh, dass sie den Herrn sahen. Da sprach Jesus abermals zu ihnen: Friede sei mit euch! Gleichwie mich der Vater gesandt hat, so sende ich euch. Und da er das sagte, blies er sie an und spricht zu ihnen: Nehmet hin den heiligen Geist!» (Joh. 20, 19-22).

Aus dem ganzen Geschehen ergeben sich also zwei Pfingsten – eines, welches sich am fünfzigsten Tag nach dem Mysterium von Golgatha ereignet hat und der ganzen christlichen Welt bekannt ist, sowie ein zweites – und zeitlich gesehen sogar erstes –, esoterisches Pfingsten, welches am Abend des Tages geschah, an dem sich die Auferstehung Christi vollzogen hatte. Hier muss man sich unweigerlich fragen: Warum finden wir den Hinweis auf *dieses* Pfingsten nur im Johannes-Evangelium? Die Begründung liegt darin, dass der Evangelist Johannes *der Einzige* unter den Jüngern Christi war, der dieses erste Pfingsten mit vollem Bewusstsein durchlebte und deshalb darüber in seinem Evangelium berichten konnte. Alle übrigen Jünger mussten noch volle fünfzig Tage warten, bevor auch ihnen die Überschattung durch den Heiligen Geist zuteil werden konnte. In diesem ersten und ursprünglichen Pfingsten, welches mit vollem Bewusstsein nur ein Einziger der Jünger aufgenommen hatte – der Evangelist und Apokalyptiker Johannes –, haben wir den Ursprung jenes Christentums, das seit dieser Zeit das esoterische genannt wird.

Den geistigen Forschungen Rudolf Steiners zufolge ist Johannes dieselbe Individualität, die in der Person des Lazarus in Bethanien von Christus eingeweiht wurde. Die Verbindung zwischen diesen beiden Individualitäten ist in besonders feiner Weise in den Evangelien ausgedrückt, wo der Christus nur zweimal über Seinen Ihm allernächsten Jünger spricht, den Er *liebt*. Er «liebt» Lazarus, und er liebt den Autor des Johannes-Evangeliums. In diesem Zusammenhang eröffnet uns Rudolf Steiner eine tiefe Wahrheit: Es handelt sich tatsächlich um ein und dieselbe Individualität!

Durch die erste christliche Einweihung, die von Christus selbst vollzogen wurde, wird der zum Johannes gewordene Lazarus, als «Lieblingsjünger» des Christus Jesus, zum einzigen bewussten Zeugen des Mysteriums von Golgatha. Neben Maria, der Mutter des Jesus und der irdischen Trägerin der heiligen Sophienkräfte (siehe GA 100, 25.11.1907), vertritt er alle Jünger – und durch sie die ganze Menschheit – unter dem Kreuz auf Golgatha. Dies macht seine Person für das Pfingstereignis würdig – nicht wie die anderen Jünger nach fünfzig Tagen, sondern unmittelbar am Tag der Auferstehung Christi –, und lässt ihn so zum Begründer des esoterischen Christentums werden. Wir wissen: Das Evangelium des Johannes, geschrieben von diesem Jünger, war für viele Generationen von Mystikern und Heiligen ein echtes Buch der Einweihung. Deren sieben Stufen, die in diesem Evangelium beschrieben sind – Fußwaschung, Geißelung, Dornenkrönung, Kreuztragung, mystischer Tod, Grablegung und Auferstehung. Im Laufe der Jahrhunderte sind diese Stufen von tausenden Eingeweihten und Mystikern durchlaufen worden, deren Namen die äußere Geschichte zum größten Teil nicht bewahrt hat. Für sie war das Johannes-Evangelium eine praktische Anleitung auf einem der beiden Hauptwege der christlichen Einweihung.

Einweihung durch den Heiligen Geist

Im Zentrum des zweiten Weges christlicher Einweihung steht das zweite vom Evangelisten Johannes verfasste Buch: die «Apokalypse». Rudolf Steiner nannte es ein «Einweihungsbuch» (GA 104). Es liegt kein Widerspruch darin, dass es auch Ereignisse der Zukunft beschreibt. Denn im Prozess der Einweihung überholt der Mensch die Erden-evolution und wird geistiger Zeuge zukünftiger Ereignisse. Dieser zweite Weg christlicher Einweihung lebte fort in den Kreisen wahrer Rosenkreuzer. Daher war, als Rudolf Steiner am Dreifaltigkeitstag (Trinitatis) 1907 in München zum ersten Mal einen Kongress der deutschen Sektion der Theosophischen Gesellschaft (deren General-sekretär er zu dieser Zeit war) organisierte, dies ein echter rosenkreuzerischer Kongress, auf dem auch erste Impulse einer neuen rosenkreuzerischen Kunst gesetzt wurden. Bekanntlich war der Saal, in dem dieser Kongress tagte, insbesondere gestaltet durch die sieben apokalyptischen Siegel. In ihnen waren in bildlicher, imaginativer Form Szenen aus der Apokalypse dargestellt, die in ihrer Abfolge die sieben grundlegenden Stufen der christlich-rosenkreu-zerischen Einweihung ausdrückten, welche Rudolf Steiner später ausführlich in dem Buch *Die Geheimwissenschaft im Umriss* darstellte.

Bevor vom 13. Jahrhundert an die Rosenkreuzer zu den Hauptträgern des esoterischen Christentums wurden (siehe GA 130, 27.9.1911), lebte es im Westen in Gestalt der Grals-Mysterien. In diesen Mysterien war das Erlebnis des Heiligen Geistes der zentrale Moment des Gottesdienstes, den die Ritter auf der Gralsburg vollzogen: die Erscheinung des Geistes im Bild einer Taube über dem Heiligen

Kelch. Das Erleben des Heiligen Geistes stand ebenfalls im Mittelpunkt der rosenkreuzerischen Einweihung. Deshalb nannte Rudolf Steiner ihre Einweihung eine Einweihung durch den Heiligen Geist (siehe GA 131, 5.10.1911), der den ganzen Menschen erfasst. In unserer Zeit setzt sich diese Strömung in der Anthroposophie fort. In ihr tritt das esoterische Christentum, oder das Christentum des Heiligen Geistes, erstmals auf den Plan der äußeren Geschichte. Seine Hauptaufgabe bleibt es, wie bereits gesagt, dem Christentum – und eigentlich dem Christus selbst, der seit dem Mysterium von Golgatha durch die ganze Menschheitsgeschichte geht – zu ermöglichen, als höhere, übersinnliche Realität in unser waches Tagesbewusstsein einzutreten. Und damit dies geschehen kann, müssen wir uns in erster Linie mit tieferen Erkenntnissen über das Wesen des Christus sowie über sein Wirken im Kosmos, auf der Erde und im Menschen vertraut machen. Diese Christus-Erkenntnis aus den Quellen des esoterischen Christentums, dessen Wurzeln wir soeben verfolgt haben, wird in unseren Zeiten Eigentum der ganzen Menschheit, dank der Anthroposophie. Deshalb nennt Rudolf Steiner die Anthroposophie die neue geistige Sprache, in welcher die heutige Menschheit lernen kann, mit dem Christus zu sprechen (siehe GA 175, 6.2.1917).

Doch das, was für uns in der Anthroposophie zunächst nur ein Wissen darstellt, war für ihren Begründer reale geistige Erfahrung. Die Anthroposophie kam in die Welt, weil es in der gegenwärtigen Epoche einen Menschen gab, der, ausgehend von den Kräften der Bewusstseinsseele, *bei vollem Bewusstsein* in der geistigen Welt dem Christus begegnen und ihn erfahren konnte – auf der höchsten Stufe übersinnlicher Erkenntnis (der Intuition). Dieser Mensch war Rudolf Steiner.

Angesichts der 350 Bände seiner Gesamtausgabe wird uns heute mit Staunen bewusst: Ihr gesamter Inhalt besteht allein aus Ergebnissen der Geistesforschungen Rudolf Steiners, die Tausende Seiten füllen. Seinen individuellen, persönlichen Erfahrungen in der geistigen Welt hingegen hat er lediglich einige Zeilen in seiner Autobiographie sowie einige wenige Stellen in seinen Vorträgen gewidmet. Wie sehr unterscheidet sich diese seine Haltung von der allgemeinen Neigung heute, sofort über eigene übersinnliche Erlebnisse zu schreiben, ohne dabei zu bemerken, wie man sich in Wirklichkeit von einem verborgenen Egoismus leiten lässt. Demgegenüber spricht Rudolf Steiner fast nie über seine eigenen Erlebnisse, sondern allein über die Ergebnisse der von ihm durchgeführten objektiven geistigen Forschungen. Allerdings kann er in seiner Lebensbeschreibung das zentrale geistige Ereignis seiner Einweihung nicht mit Schweigen übergehen. Aber er erwähnt es nur ganz kurz und widmet ihm lediglich wenige Zeilen. Die Rede ist von jener «Erkenntnis-Feier», deren Mittelpunkt das «geistige Gestanden-Haben vor dem Mysterium von Golgatha» wurde, durch welches Rudolf

Steiner um die Jahrhundertwende hindurchging (GA 28, Kap. XXVI). Für ihn bedeutete dieses Ereignis geistiger Erfahrung: bewusstes In-sich-Aufnehmen des Christus-Impulses durch Vermittlung des Heiligen Geistes.

Durchgeistigung der drei Seelenkräfte in der Anthroposophie

Fortan beschrieb Rudolf Steiner wieder und wieder, nun schon in völlig objektiver, geisteswissenschaftlicher Form, das Wirken des Heiligen Geistes im Menschen. Was geschieht, wenn sich die Seele des Menschen mit dem Heiligen Geist erfüllt? Dann geschieht ein echtes Wunder: Alles materielle Sein um ihn herum, alles, worauf sein Blick fällt, was seine Hand berührt, wird vom Geist erfüllt. Alles Materielle wird zur Offenbarung von Geistigem. Denn dies ist das wahre Pfingstwunder! Das Materielle wird überall gleichsam durchsichtig, und durch es hindurch beginnt der Geist zu sprechen.

Was aber tat Rudolf Steiner mit dieser Offenbarung? Er schrieb aus dieser Geisterfahrung heraus sein wichtigstes Buch, das – nach seinen eigenen Worten – den Umriss der ganzen Anthroposophie enthält.[1] Dieses Buch ist die schon erwähnte *Geheimwissenschaft im Umriss* mit ihrem großartigen Bild der Weltevolution, die mit dem

Bewusstsein geschaut wurde, das von dem Heiligen Geist durchdrungen war. Denn wenn in dem Bewusstsein eines Menschen der Heilige Geist zu wirken beginnt, dann wird für diesen Menschen die ganze Weltevolution – die wir sonst nur in ihrer materialistischen Form kennen, wie sie sich gegenwärtig in der Lehre Darwins und Haeckels darstellt – auf einmal vom Geist erfüllt, und durch alle ihre Ereignisse beginnen geistige Wesenheiten zu ihm zu sprechen – Hierarchien, die mit ihrem Wesen das ganze Weltall schaffen und durchdringen. Und im Zentrum des ganzen Weltenbaus wird *eine* zentrale Gestalt erkennbar – der Christus als Sonnenlogos, sowie Seine wesentlichste Handlung auf der Erde – das Mysterium von Golgatha.

Bei all ihrem tief geistigen Gehalt ist *Die Geheimwissenschaft im Umriss* doch in zeitgemäßer streng gedanklich-wissenschaftlicher Form abgefasst. Das ist ein glänzendes Beispiel dafür, was geschieht, wenn der Geist das menschliche Denken durchdringt. Daher erlaubt schon der Mitvollzug der Gedanken dieses Buches dem Leser, mit der Tätigkeit des Geistes jenseits der Welt äußerer Sinnesempfindungen in Berührung zu kommen, das heißt diesen Geist in sich aufzunehmen. Die Umwandlung der menschlichen Erkenntnisfähigkeiten selbst aus dem Impuls des Heiligen Geistes – so könnten wir die Wirkung dieses Buches auf uns charakterisieren.

Die nächste Stufe der beschriebenen Entwicklung ist schon wenige Jahre nach dem Erscheinen dieses Buches (im Jahr 1910) erreicht. Im Herbst 1913 wird der Grundstein gelegt, auf dem dann das Erste Goetheanum errichtet wird. Was ist dieser Bau? Tatsächlich stellt er genau dieselbe *Geheimwissenschaft im Umriss* dar, jedoch nun sichtbar geworden in den imaginativen Formen des Goetheanum oder «Johannesbaues», wie er ursprünglich hieß. In diesem Bauwerk sind verschiedene Gattungen der bildenden Kunst erneuert und umgewandelt worden aus den Quellen des Heiligen Geistes.

Wir können also sagen: Zu Beginn des Entwicklungsprozesses der Anthroposophie auf der Erde wurden die *Erkenntniskräfte* durchgeistigt, um uns ein bewusstes Beschreiten des modernen christlichen Einweihungsweges zu ermöglichen; anschließend wurden die Kräfte des *Gefühls* durchgeistigt mit den Mitteln einer neuen Kunst; und danach wurden aus den durchgeistigten *Willenskräften* verschiedene praktische Gebiete befruchtet: Medizin, Wissenschaft, Pädagogik, Heilpädagogik, der Bereich der Religion (Christengemeinschaft), Landwirtschaft und vieles andere.

Durchgeistigung im Sozialen als Aufgabe
der Anthroposophischen Gesellschaft

Der Gipfelpunkt dieser Entwicklung wurde schließlich die Frage der Durchgeistigung und Umwandlung der menschlichen Sozialsphäre selbst. Wie kann das soziale Leben zum Träger des Christus-Impulses werden? Wie kann der Christus selbst, der nunmehr in ätherischer Form in der Menschheit wirkt, unmittelbar ins soziale Leben des Menschen eintreten? Diese für unsere Zeit überaus wichtige Frage kann man auch so formulieren: Wie können Menschen, die den modernen geistigen Schulungsweg – den anthroposophischen Einweihungsweg – gehen, mit ihrer gemeinsamen Tätigkeit den geistigen Raum vorbereiten, in welchen sodann der ätherische Christus eintreten kann, um innerhalb der Sozialbeziehungen der Menschen zu wirken?

Die Möglichkeit dazu wurde von Rudolf Steiner auf der Weihnachtstagung geschaffen. In anderem Zusammenhang sind verschiedene Aspekte dieses Ereignisses bereits ausführlich behandelt worden.[2] Hier soll dieses Thema noch von einer anderen Seite beleuchtet werden. Im Zentrum der Weihnachtstagung steht das Erschaffen des geistigen Grundsteins, den Rudolf Steiner daraufhin den Mitgliedern der Anthroposophischen Gesellschaft als eine übersinnliche Grundlage für die neue michaelische Gemeinschaft übergab. Dieser Grundstein – wenn er auch von

31

der Grundsteinmeditation wie von einer geistigen Hülle umschlossen ist, die seine Wesenheit durch das Wort ausdrückt – ist doch selbst, unabhängig von dieser, eine geistige Realität für sich, eine Realität der ätherischen Welt. Deshalb kann ein Mensch, den Worten Rudolf Steiners zufolge, in jedem Moment, wenn er es wirklich will, den geistigen Grundstein in sein Herz legen, natürlich nicht in das physische, sondern in das ätherische.

Aus den Geistesforschungen Rudolf Steiners kennen wir das wunderbare, tief christliche Mysterium, das mit dem menschlichen Herzen verbunden ist.[3] In ihm vollzieht sich beständig der Prozess der Ätherisation des menschlichen Blutes. Das Blut hört auf, im menschlichen Herzen materiell zu existieren und steigt sodann als ätherischer Strom vom Herzen zum Kopf auf. In diesem Zusammenhang verweist Rudolf Steiner auf die geisteswissenschaftliche Tatsache, dass seit der Zeit des Mysteriums von Golgatha parallel zu diesem Strom – dem mikrokosmischen Strom des ätherisierten menschlichen Blutes, das vom Herzen zum Kopf fließt – in derselben Richtung, das heißt wiederum vom Herzen zum Kopf, ein zweiter, makrokosmischer Strom aufsteigt, aber nunmehr der Strom des ätherisierten Blutes Christi selbst. Dieser Christus-Strom ist in jedem Herzen anwesend, unabhängig davon, ob ein Mensch in seinem Tagesbewusstsein Christ ist oder nicht. Und diese beiden Ströme, der mikrokosmische und der makrokosmische, verlaufen im heutigen Menschen parallel und berühren sich zunächst nicht. Deshalb ist eine der wichtigsten Aufgaben unserer Epoche ihre bewusste Vereinigung. Rudolf Steiner sagt, dass Menschen, denen es gelingt, sie in ihrem Herzen zu vereinigen, in der Lage sein würden, den Christus im ätherischen Umkreis der Erde wahrzunehmen.

Wenn wir unter diesem Gesichtspunkt auf den Grundstein und seinen mantrischen Ausdruck in der Meditation blicken, dann entdecken wir, dass beide mikrokosmische und makrokosmische Bestandteile haben. Versenken wir diesen zweifachen Grundstein tatsächlich in die Tiefe unseres Ätherherzens, das heißt dorthin, wo dieses zentrale christliche Mysterium sich vollzieht, dann werden wir entdecken, wie uns in diesem Grundstein ein realer Weg zur Vereinigung dieser beiden ätherischen Ströme in unserem Herzen gegeben ist. Dann machen wir selbst die geistige Erfahrung, dass der Grundstein diese zweifache, mikro-makrokosmische Natur deshalb aufweist, weil er, einmal ins menschliche Herz eingesenkt, in ihm zu einer Brücke wird, die die beiden Ströme des ätherisierten Blutes verbindet. Der Grundstein verwandelt sich so in einen konkreten Weg, der zum Erleben des ätherischen Christus hinführt.

Indem Rudolf Steiner auf der Weihnachtstagung den Mitgliedern der Anthroposophischen Gesellschaft diesen Grundstein übergab, unterstrich er besonders, dass er in ihren Herzen nicht einfach die Grundlage für ihre eigene, individuelle Entwicklung sei, sondern – vor allem – der Grundstein einer neuen menschlichen Gemeinschaft. Eben dadurch verwirklichte Rudolf Steiner gemeinsam mit uns jenes Evangelien-Wort, welches er besonders häufig in seinen Vorträgen anführt: «Mein Reich ist nicht von dieser Welt» (Joh. 18,36). Er erläutert es so: «Das Reich des Christus Jesus ist nicht von dieser Welt, aber es muss wirken in dieser Welt, und die Menschenseelen müssen die Werkzeuge des Reiches werden, das nicht von dieser Welt ist» (GA 175, 6.2.1917.) Mit anderen Worten: Christus kam in diese Welt, um inmitten dieser Welt, wo der unrechtmäßige Herr dieser Welt, Ahriman, herrscht, Sein Reich zu begründen.

Eben dies ist die esoterische Aufgabe, die vor die Anthroposophische Gesellschaft auf der Weihnachtstagung hingestellt wurde: eine völlig offene Gesellschaft zu sein, die sich nicht von der Außenwelt abgrenzt, sondern deren Schicksal gänzlich teilt – und zu gleicher Zeit eine solche Gesellschaft zu sein, die auf dem geistigen Grundstein steht, welcher nicht von dieser Welt stammt, wo Ahriman, der Herr der Finsternis, herrscht, sondern welcher unmittelbar aus dem Reich des Christus hervorgebracht worden ist. Denn aus dem Reich des Christus stammt jener Grundstein, den Rudolf Steiner in die Herzen der Menschen gelegt hat, deren Wunsch es war, jene neue Menschengemeinschaft zu begründen, die von ihm auf der Weihnachtstagung «Allgemeine Anthroposophische

Gesellschaft» genannt wurde. Seither besteht die grundlegende esoterische Aufgabe dieser Gesellschaft darin, der Menschheit für alle Zukunft ein Urbild dessen darzubieten, was eine wirkliche christliche Gemeinschaft ist. Denn in der Zukunft kann nur eine solche Menschengemeinschaft eine christliche genannt werden, die in vollem Maße dieses geistige Prinzip in sich verkörpert. Dann wird sie eine Gemeinschaft sein, die nicht aus der Welt ins Kloster flieht – oder in den Ashram –, sondern inmitten der zeitgenössischen ahrimanischen Zivilisation bleibt und in ihr – jedoch nun schon im michaelischen Sinne – den Kampf um die Bewältigung jener Aufgaben fortsetzt, vor die uns heute die ganze Menschheitsentwicklung stellt. Und trotzdem wird eine solche Gesellschaft, die sich im Reich des «Fürsten dieser Welt» aufhält, unerschütterlich auf dem Grundstein stehen, der nicht von dieser Welt ist, sondern aus dem Reich Christi. Für alle kommenden Zeiten muss dies für die Menschen zum *neuen gemeinschaftsbildenden Prinzip* werden. Und alle Anthroposophen sind aufgerufen, wenn sie es nur wollen, die erste Gemeinschaft in der Menschheit zu werden, die in ihrer Mitte dieses tief christliche soziale Prinzip verwirklichen möchte.

Die Weihnachtstagung – ein «umgekehrtes» Pfingsten

Alles hier Dargestellte steht in unmittelbarer Verbindung mit dem Wesen des Pfingstfestes. Am 25. Dezember 1923 vollzog Rudolf Steiner den Prozess der Grundsteinlegung mit dem Hinweis auf die Erscheinung des Heiligen Geistes in dem Gedankenlicht, das in der geistigen Welt den Grundstein umgibt (siehe GA 260, 25.12.1923). Damit hat Rudolf Steiner in Erscheinung gebracht, wie das Geschehen der Weihnachtstagung im Strom des esoterischen Christentums steht, und zwar als Fortsetzung und weitere Entwicklung einerseits der Grals-, andererseits der Rosenkreuzerströmung. Denn im Zentrum der Gralsmysterien stand in jedem Jahr am Karfreitag die Erscheinung des Heiligen Geistes über der Gralsschale. Und über die Rosenkreuzereinweihung berichtet Rudolf Steiner, dass diese eine «Geist-Initiation» war (GA 131, 5.10.1911), das heißt eine solche, die durch das Erfüllen des Menschen mit dem Heiligen Geist bewirkt wurde. Auf diese Weise waren die beiden Hauptströmungen des esoterischen Christentums mit dem Pfingstimpuls verbunden.

Durch das Erscheinen des Geistes in der Aura des Grundsteins haben wir vor diesem Hintergrund einen weiteren Hinweis darauf, was die Weihnachtstagung im Prozess der Mysterienentwicklung der Menschheit bedeutet. Sie ist nicht nur die Erneuerung des Urpfingsten, sondern auch dessen weitere Metamorphose.

In der Strömung der neuen Mysterien stellt die Weihnachtstagung ein «umgekehrtes» Pfingsten dar. Dies folgt in aller Klarheit sowohl aus dem Charakter des Grundsteins selbst als auch aus der mit ihm verbundenen Meditation. In der Imagination des ursprünglichen Pfingstereignisses, mit der wir diese Betrachtung begonnen haben, kommt der Geist aus den Höhen herab, indem er zuerst die menschlichen Häupter durchdringt, um danach, sich herniedersenkend, aus den menschlichen Herzen zu sprechen zu beginnen.

Beim «umgekehrten» Pfingsten haben wir jedoch einen entgegengesetzten Vorgang. Hier wird in das menschliche Herz der übersinnliche Grundstein gelegt, der in seiner Aura den Impuls des Heiligen Geistes trägt. Aus den Herzenstiefen steigt dieser Geist sodann zum Haupt auf und wird aus ihm nunmehr mit Bewusstsein in die Welt getragen. Deshalb ist im vierten Teil der Meditation dreimal die Richtung vom Herzen zum Haupt, in welcher der Geist im Menschen aufsteigt, unterstrichen. Wenn er aber im Lichte des Hauptes zu Tage kommt, das heißt in den Kräften unseres individuellen Bewusstseins, dann erwächst uns die Aufgabe, diesen Impuls des Geistes in die gesamte Erdenentwicklung zu tragen. Und das ist nur dann möglich, wenn wir fähig sind, unerschütterlich auf jenem Grundstein zu stehen, dem *Stein der Liebe* (siehe GA 260, 25.12.1923). Als ein solcher Stein der Liebe wird er auch zum Grundstein des Neuen Jerusalem, welches den zukünftigen Jupiter-Kosmos darstellt – den künftigen Kosmos der Liebe (siehe GA 13 und GA 104).

Auf diese Weise entsteht vor unseren Augen eine völlig neue Entwicklungsperspektive, in der sich das individuelle und das soziale Prinzip harmonisch vereinen. Denn die Grundsteinlegung ins eigene Herz kann vom Menschen nur auf individuelle Weise vollzogen werden. Niemand ist imstande, dies für einen anderen zu tun. Wenn dies jedoch geschehen ist, wenn ein Mensch ihn selbst in sein Herz gelegt hat, ausgehend von seinen eigenen, rein individuellen Erkenntniskräften, dann beginnt er in seinem Herzen bereits zu wirken und wird dort zum Grundstein einer neuen menschlichen Gemeinschaft, die allein im Sinne der Neuen Mysterien *christliche* Gemeinschaft genannt werden kann und welche die Menschen unmittelbar mit dem Wirken des Christus in der ätherischen Welt verbindet.

Die vier Stufen der sozialen Entwicklung

An verschiedenen Stellen seiner Vorträge beschreibt Rudolf Steiner diesen Prozess genauer. Hier möchten wir uns einer dieser Beschreibungen zuwenden, in der er eine Stufenfolge angibt, die in der sozialen Entwicklung der Menschheit durchlaufen werden muss, damit das «umgekehrte» Pfingsten, das nunmehr vom Menschen selber ausgeht, der ein freier und bewusster Träger des Geistes geworden ist, im sozialen Leben der Menschen Wirklichkeit werden kann. In diesem Zusammenhang spricht Rudolf Steiner von vier Stufen, deren vollständige Verwirklichung in der Menschheitsentwicklung jedoch einige Jahrtausende einnehmen wird. Doch ungeachtet dessen, dass das Erreichen dieses Endzieles einen solch langen Zeitraum benötigen wird, müssen sich die Menschen schon heute dieser neuen Aufgabe bewusst werden und sich auch schon auf den konkreten Weg zu ihrer Realisierung begeben – durch die Bildung von Gemeinschaften, in denen sie schon heute versuchen, in sich die inneren Qualitäten zu entwickeln, die mit dem «umgekehrten» Pfingsten verbunden sind. Denn wir wissen, dass die Zukunft niemals kommt, wenn sie nicht frühzeitig vorbereitet wird, und wenn es auch nur in ganz kleinen Kreisen ist. Darin aber besteht das Prinzip jeder wahren Esoterik. Das, was sich zunächst in kleinen Kreisen vorbereitet, wird später Besitz aller Menschen. Daher tun wir das, wovon hier die Rede ist, nicht um unserer selbst willen, sondern um der ganzen Menschheit willen. Man kann dies vergleichen mit der Grundsteinlegung ins eigene Herz, die wir nicht um der eigenen, persönlichen Entwicklung willen vollziehen, sondern um der Gründung einer neuen Menschengemeinschaft willen, in welcher sich die Zukunft vorbereiten soll.

Von welchen sozialen Qualitäten oder sozialen Erlebnissen – die meiner Ansicht nach unmittelbar mit der Verwirklichung des «umgekehrten» Pfingsten verbunden sind – spricht denn Rudolf Steiner? Vor allem weist er auf die Unumgänglichkeit hin, das eigene Interesse am Nächsten zu verstärken. In seinen Vorträgen betonte er mehr als einmal, dass man zunächst besser nicht von Menschenliebe sprechen solle, denn die Liebe ist etwas sehr Hohes und äußerst Schwieriges, sondern man solle einfach beginnen mit dem ehrlichen Interesse am anderen Menschen. (Hier möchte ich besonders unterstreichen, dass wir Liebe nicht mit dem gewöhnlichen Gefühl der Sympathie oder Zuneigung verwechseln dürfen, was in unserer Zeit sehr häufig geschieht. Da die Menschen oft nicht wissen, was wahre geistige Liebe ist, verwechseln sie diese leicht mit den eigenen Gefühlen und Emotionen.) Wie oft können wir bemerken: Ein Mensch spricht in schönen Worten über die Nächstenliebe und übersieht zugleich den Menschen, der neben ihm sitzt. Der konkrete Mensch interessiert ihn nicht, denn ein solcher abstrakter Idealist ist nur durchdrungen von der Liebe zur Menschheit als Ganzer, das heißt – zu niemandem. Christus aber sprach, im Gegenteil, über die Geringsten unter uns!

In diesem Sinne spricht Rudolf Steiner von dem Interesse am konkreten Menschen, denn darin liegt schon der erste Schritt zur Schaffung einer neuen sozialen Realität auf dem ätherischen Plan. Fangen Sie nur an – jedoch nicht einfach mit gewöhnlichem Interesse, sondern mit einem solchen, wie es aus innerer Meditation erwachsen kann und das uns erlaubt, den konkreten, vor uns stehenden Menschen *in bildlicher Form* wahrzunehmen. Hier verweist Rudolf Steiner auf die außerordentlich große Bedeutung der Kunst. Er sagt: Wozu dient letztendlich die Kunst, vor allem die aus den Quellen der Anthroposophie erneuerte Kunst? Sie dient der *Erkenntnis des Menschen.* Aber nicht seiner kalten, zergliedernd-verstandesmäßigen Erfassung, sondern der Menschenerkenntnis in imaginativer Form, indem ein Mensch für einen anderen zum lebendigen Bild wird. In Russland würde man sagen: Dann wird ein Mensch dem anderen zur Ikone, durch die ihm die geistige Welt hindurchscheint, der geistige Wesenskern des Menschen. Wenn wir es lernen, mit aller uns zur Verfügung stehenden Aufmerksamkeit, mit brennendem seelischem Interesse jede geringste Äußerung eines Menschen wahrzunehmen, indem wir seine Gesten beobachten, seine Gesichtsform, Mimik, Bewegungen usw. –, dann wird dies alles, wenn wir einen künstlerischen Sinn entwickeln, zum Bild, zur Offenbarung seines wahren Wesens, dessen, was in jedem Menschen das Ewige ist.[4]

Folglich wird jeder Mensch durch ein solch bildhaftes Erleben des anderen Menschen – und durch die Kraft unserer Meditationen erreichen wir es ja – für uns außergewöhnlich interessant und ganz einzigartig, denn jede menschliche Persönlichkeit ist unendlich interessant und einzigartig. Aber das ist noch nicht alles. Um diese Fähigkeit auf der sozialen Ebene zu verwirklichen, müssen wir noch einen Schritt weiter gehen. Es ist notwendig, aufnehmen zu lernen, wie dieses ewige Wesen des Menschen, während es uns seine Bildnatur offenbart, eine Wirkung auf uns ausübt, die man mit der Empfindung von Wärme oder Kälte vergleichen kann. Der eine Mensch, wenn wir seine Wahrnehmung in bildhafter Form erreichen, «wird einem warm, der andere wird einem kalt machen» (GA 185, 26.10.1918). In diesem Zusammenhang weist Rudolf Steiner auf ein Detail hin, das besonders wichtig ist. Er sagt: «Am schlimmsten werden die Leute daran sein, die einem weder warm noch kalt machen» (ebd.), weil die Seele solcher Menschen im Ersterben ist.

So liegt die erste Stufe der Realisierung dieser ätherischen Wirklichkeit im sozialen Bereich (über den wir später noch sprechen werden) darin, dass der Mensch ein solch intensives Interesse an seinem Nächsten entwickelt, dass dessen bildhafte Natur für ihn wie durchsichtig wird und er im Umgang mit ihm durch Wärme oder Kälte beschenkt werden kann. Das ist die erste Stufe. Rudolf Steiner spricht davon, dass der Mensch zur vollständigen Entwicklung dieser besonderen Fähigkeit in sich noch die ganze Zeit bis zum Ende der gegenwärtigen fünften nachatlantischen Kulturepoche benötigen wird.

Die zweite Qualität ist mit der Sprache verbunden. Wir müssen lernen, vollständig neu zu durchleben, wie ein Mensch spricht; die äußere Form seiner Sprache zu durchdringen und durch diese dahin zu kommen, mittels der

42

Worte – und hier kann uns die Eurythmie eine besondere Helferin sein – die Sprache des anderen Menschen als wahrhafte Offenbarung seiner Seele erleben zu können.[5] Dazu muss man eine ganz neue Fähigkeit in sich entwickeln, nämlich das besondere Unterscheidungsvermögen dafür, dass nicht dasjenige am wichtigsten ist, *was* ein Mensch sagt, sondern *wer* es sagt.

Rudolf Steiner führt mehrfach ein für diesen Zusammenhang charakteristisches Beispiel an. Er spricht von zwei Individualitäten: dem hervorragenden deutschen Schriftsteller vom Ende des 19. Jahrhunderts, Herman Grimm (1828–1901), und derjenigen Persönlichkeit, welche in der Geschichte des 20. Jahrhunderts eine schicksalhafte, man könnte sogar sagen, verhängnisvolle Rolle gespielt hat. Die Rede ist von Woodrow Wilson (1856–1924), dem amerikanischen Präsidenten der zwanziger Jahre, der die in der ganzen Welt bekannten vierzehn Punkte über die Selbstbestimmung der Nationen und der Völker verbreitete, welche bis heute in die entferntesten Regionen der Erde fortwirken und häufig Kriege und blutige ethnische Konflikte hervorrufen. In diesem Zusammenhang äußerte Rudolf Steiner, «dass die Möglichkeit vorhanden ist, dass man gewisse Sätze von Woodrow Wilson einfach übernimmt und in Aufsätze von Herman Grimm hineinstellt, denn sie sind fast gleichlautend mit den Sätzen in Aufsätzen von Herman Grimm» (GA 185, 26.10.1918). Beide schrieben sie Artikel, und es gibt Worte und Sätze darin, die, wenn man sie miteinander vergleicht, fast wortwörtlich die gleichen sind. Worin jedoch besteht der Unterschied? Er liegt in der Person, darin, *wer* es ist, der im gegebenen Fall spricht. Die Worte können gut und richtig sein, wenn aber derjenige, der sie ausspricht, nicht in ihnen lebt, sie nicht mit seinem individuellen Ich durchdringt, dann können Dinge, die für sich genommen im Grunde richtig sind, in der Welt eine zerstörerische Kraft entwickeln.

Rudolf Steiner unterstreicht, dass wir es durch das innere, geistige Durchleben der Sprache auf der zweiten Stufe lernen müssen, zu unterscheiden, aus welchen Quellen ein Mensch spricht. Und er deutet auf Herman Grimm hin, der aus seiner vollen menschlichen Persönlichkeit heraus spricht, weshalb dessen Worte das Ergebnis einer großen inneren Arbeit und eines geistigen Ringens sind – des Ringens eines individuellen Menschen-Ich nach Wahrheit und Erkenntnis. Im Gegensatz dazu steht Woodrow Wilson, der, indem er fast die gleichen Worte benutzt, in Wirklichkeit in seinem Unterbewusstsein von einem ahrimanischen Dämon besessen ist, der durch ihn spricht (siehe ebd.). Die menschliche Persönlichkeit nimmt an diesem Prozess praktisch nicht teil.

Und so wird die besondere Aufgabe der zukünftigen sechsten Kulturepoche sein: sich nicht davon ablenken zu lassen, *was* ein Mensch spricht, nicht seinen schönen Worten zu verfallen, nicht einmal dann, wenn er sie aus der Anthroposophie nimmt, sondern sich beharrlich zu fragen: Von welcher Art ist der Mensch selbst, der diese Worte spricht? Steht seine menschliche Persönlichkeit hinter den Wahrheiten, die er verkündet – oder nicht? Und wenn der Mensch nicht hinter ihnen steht – wie schön die Ausführungen auch sein mögen –, so sind sie nur leere Worte und nach dem Apostel Paulus eine «klingende Schelle» (1. Kor. 13,1). Solche Worte tragen keine geistige Realität in sich. In ihnen ist kein lebendiger Geist anwesend.

Weiter spricht Rudolf Steiner davon, dass, indem wir uns in die Sprache anderer Menschen hineinhören, wir in der Zukunft die Fähigkeit ihres Mitdurchlebens in uns so weit entwickeln können, dass wir schrittweise damit beginnen, durch die Worte der Menschen innerlich verschiedene Farben wahrzunehmen –, dass die Art, *wie* ein Mensch spricht, in unserer Seele von dem Erleben farbiger Empfindungen begleitet wird. Dann werden manche Äußerungen und sogar einzelne Worte das Empfinden zum Beispiel der roten Farbe, andere das der blauen und so weiter hervorrufen. Mit der Eurythmie und auch durch die Sprachgestaltung können wir schon heute ein anfängliches Erleben in diesem Sinne erreichen. In dem erwähnten Vortrag sagt Rudolf Steiner diesbezüglich, dass die Menschheit für die Ausbildung dieser zweiten Fähigkeit einen noch größeren Zeitraum benötigen wird. Deshalb wird sie deren vollständige Entwicklung während der fünften nachatlantischen Kulturepoche noch nicht erreichen können. Dazu wird auch die sechste Epoche, oder zumindest ein Teil davon, benötigt werden.

Die dritte Fähigkeit, die wir zu entwickeln haben, besteht darin, das Leben des anderen Menschen so intensiv geistig mitzuerleben, dass die Wirkung, die dieser durch die unterschiedlichen Zustände seiner Seele ständig auf die Welt ausübt, von unserer Atmung aufgenommen wird. Ein wunderbares Bild! Wir müssen lernen, andere Menschen ein- und auszuatmen. «Die Menschen werden einander atmen müssen auf dem Gebiete des Fühlens» (ebd.). Stellen Sie sich vor, welch intime Verbindung sich zwischen den Menschen einstellen wird. In unserer Zeit ist solch ein Miterleben meistens nur in negativer Form bekannt. Wenn jemand neben uns einen Wutanfall bekommt, dann beginnt vielleicht unser Herz schneller zu schlagen und unser Atemrhythmus verändert sich. Positive Erlebnisse auf diesem Gebiet sind uns viel weniger vertraut. Aber das Letztere ist es, was entwickelt werden muss. Begegnen wir einem Menschen, so teilt uns gerade unsere innere Atmung etwas über dessen seelische Verfassung mit. Vielleicht wird unsere Atmung durch den Umgang mit ihm harmonischer und freier – oder im Gegenteil: wir erleben eine Erschwerung der Atmung, vielleicht sogar einen Luftmangel. Durch all das werden wir in der Zukunft die moralische Verfassung eines anderen Menschen eindeutig beurteilen können. Allerdings wird für die Entwicklung dieser Fähigkeit die ganze sechste Kulturepoche nötig sein.

Noch weiter führt den Menschen die vierte und höchste Fähigkeit, die Rudolf Steiner auf eine etwas paradoxe Weise ausdrückt. Dennoch kann jeder Mensch heute schon wahrnehmen, dass ihm das, worum es hier geht, ansatzweise bekannt ist, wenn auch oft nur von einer ganz schwierigen Seite. Denn auf dieser vierten Stufe, so sagt Rudolf Steiner, müssen wir lernen, einander zu verdauen. «Die Menschen werden einander verdauen müssen auf dem Gebiete des Wollens» (ebd.). Das heißt, wir werden lernen müssen, immer bewusster das Karma zu durchleben, das uns mit dem anderen Menschen verbindet. Dieses Karma zeigt sich in uns zunächst wie ein schwer verdaulicher Stein, der auf unserem Wege liegt und über den wir ständig im Umgang mit den anderen Menschen stolpern. Denn wir suchen im Anderen den Menschen, stoßen jedoch die ganze Zeit nur auf seinen Doppelgänger und legen uns oft keine Rechenschaft darüber ab, dass wir daran selbst schuld sind. Ein solcher Stein schwer verdaulichen Karmas aus der Vergangenheit muss von uns verdaut, das heißt in positive, aufbauende Elemente unseres gemeinsamen Schicksals verwandelt werden. Das Grundproblem besteht hier darin, dass wir einen solchen karmischen «Stein» nicht bewegen, nicht einfach hinauswerfen können, wir können ihn nur innerlich umarbeiten. Und genau das wird die wichtigste Aufgabe der zukünftigen geistigen Gemeinschaft sein: an der Umgestaltung des Karma zu arbeiten. Um diese Aufgabe zu verwirklichen, braucht die

Menschheit noch mehr Zeit. Dafür wird ein großer Teil der siebenten Kulturepoche nötig sein. Obwohl wir, wie es scheint, noch sehr viel Zeit vor uns haben, ist es doch für eine bewusste Entwicklung dieser Qualitäten unabdingbar, schon heute damit zu beginnen. Dafür wurde uns die Anthroposophie gegeben. Denn die Lösung unserer sozialen Probleme hängt unmittelbar davon ab, dass diese vier Fähigkeiten in den Menschen vorhanden sind, wenn auch nur in anfänglicher, keimhafter Form.

Es versteht sich von selbst, dass diese Qualitäten nicht entwickelt werden können, indem man allein zu Hause Vorträge und Bücher Rudolf Steiners studiert. Ihre völlige Entwicklung kann noch nicht einmal in einer kleinen Gruppe erreicht werden, die von einer Idee begeistert ist. Wir können sie in vollem Umfang nur in einer sozialen Gemeinschaft verwirklichen, wie sie in der Anthroposophischen Weltgesellschaft veranlagt ist, in der wir die Möglichkeit haben, den unterschiedlichsten Menschen zu begegnen, die sich nicht nur in Alter, Mentalität und Charakter unterscheiden, sondern auch aus verschiedenen Völkern und Kulturen stammen. Mit diesen sonst so verschiedenen Menschen, die allerdings zur anthroposophischen Erkenntnis streben, können wir die Entwicklung der beschriebenen Qualitäten am besten in Angriff nehmen.

So müssen wir lernen, andere Menschen in ihrer bildhaften Natur zu durchleben, bis hin zum Empfinden der von ihnen ausgehenden Wärme oder Kälte. Wir müssen lernen, uns in ihre Sprache einhörend, durch ihre Worte die individuelle farbliche Gestimmtheit ihrer Seelen wahrzunehmen. Auch müssen wir uns die Fähigkeit aneignen, andere Menschen ein- und auszuatmen. Und schließlich brauchen wir den Mut, nicht vor allen Schwierigkeiten davonzulaufen, die heute in einer werdenden sozialen Gemeinschaft aufkommen. Trotz alledem müssen wir Mitarbeiter des Christus auf dem Felde des Karma werden und auf diesem Feld innere, rein michaelische Kräfte entwickeln, die es uns schrittweise erlauben, dieses Karma zu «verdauen», weil es in Wirklichkeit keinen anderen Weg zur Begründung wahrhaft christlicher Gemeinschaften auf der Erde gibt.

Der Zusammenhang der vier sozialen Fähigkeiten mit den vier Ätherarten

Im Versuch, die vier beschriebenen Stufen zusammenzufassen, können wir bemerken, dass sich ihr Wesen in der sozialen Sphäre auf die konkrete Arbeit mit den vier Ätherkräftearten bezieht. Und dies ist der nächste Schritt, der von der Menschheit, ausgehend vom Durchleben sozialer gegenseitiger Kontakte auf dem physischen Plan bis hin zu deren Durchleben auf dem ätherischen Plan, vollzogen werden muss.

Denn wenn wir fühlen, dass der Mensch in seiner bildhaften Natur Wärme oder Kälte ausstrahlt, so erleben wir auf dem sozialen Plan eine Tätigkeit des Wärmeäthers. Nehmen wir durch die Sprache die vielfältige seelische Färbung eines Menschen wahr, so erleben wir dabei auf dem sozialen Plan den Lichtäther.

Und indem wir lernen, so zu atmen, dass wir in unsere Atmung das seelische Wesen des anderen Menschen aufnehmen, das heißt ihn dort hinein aufzunehmen, wo die chemischen Kräfte unseres Organismus konzentriert sind, dann treten wir bereits in die Sphäre der Tätigkeit der nächsthöheren Ätherart ein. In der heutigen Zeit sind wir noch Wesen, die den Sauerstoff, das heißt Leben, einatmen und den Stickstoff, der den Tod in sich trägt, ausatmen. Aber aus der Geisteswissenschaft wissen wir, dass die wichtigste Aufgabe der Zukunft darin bestehen wird, dass wir lernen, dasjenige bewusst zu vollenden, was heute die Pflanzen für uns tun: den Tod in sich aufnehmen, vergiftete Stoffe einatmen – und Leben ausatmen, Gesundheit ausatmen. Auf der beschriebenen dritten Stufe muss dieser Prozess vor allen Dingen auf der sozialen Ebene verwirklicht werden. Dann wird er die Verwirklichung des grundlegenden manichäischen Prinzips sein, welches darin besteht, dass die Menschen mit der Zeit lernen müssen, das sozial Böse in sich aufzunehmen oder «einzuatmen» und Gutes «auszuatmen» und damit auf dem sozialen Plan bereits mit dem chemischen oder Klangäther zu arbeiten.

Versenken wir uns schließlich in unser Stoffwechselsystem, das heißt, steigen wir in die eigenen Tiefen hinab, in denen das Karma der Vergangenheit in uns wirkt – denn wir tragen es in unserem Stoffwechsel-Gliedmaßensystem –, dann müssen wir lernen, dieses umzugestalten, um dann mit dieser Grundlage im Sozialen anhand der Kräfte des Lebensäthers zu arbeiten.

Dadurch schaffen wir in der sozialen Sphäre Schritt für Schritt den «Raum», in den der ätherische Christus eintreten kann, denn nie wieder wird Er auf dem physischen Plan erscheinen. Und wir wissen, dass die größte Abirrung des heutigen Okkultismus darin besteht, hier oder dort das Erscheinen des Christus in einem physischen Körper zu erwarten.[6] In Wirklichkeit ist der Christus nach dem Mysterium von Golgatha nicht mehr physisch, sondern übersinnlich in der Menschheit anwesend, und von unserer heutigen Zeit an wirkt Er zwischen den Menschen in einer neuen, ätherischen Form (siehe GA 118).

Als Gott des menschlichen Ich ist der Christus vor allem mit jedem individuellen Menschen verbunden. Von unserer Zeit beginnend, und noch stärker in der sechsten Kulturepoche, wird Er in der ätherischen Gestalt mehr und mehr auch in den sozialen Beziehungen der Menschen untereinander wirken. Jedoch müssen die Menschen selbst die entsprechenden Bedingungen für Sein Wirken in der sozialen Sphäre – oder dem ätherischen «Raum», der aus den sozial wirkenden Kräften des Wärme-, Licht-, chemischen und Lebens-Äthers bestehen wird – schaffen. Dann kann aus dem sozialen Zusammenwirken der Menschen schrittweise diejenige sozial-ätherische Sphäre entstehen, in welche der ätherische Christus real eintreten kann.

An dieser Stelle darf man sich fragen: Wer außer den Anthroposophen besitzt heute diese Erkenntnis? Wer außer ihnen hat gegenwärtig die Möglichkeit, diesen Weg wirklich voll bewusst zu beschreiten? Und darin liegt auch unsere große Verantwortung als Anthroposophen der ganzen zukünftigen Menschheit gegenüber, wobei es sich nicht nur um eine individuelle Verantwortung handelt, sondern auch um eine solche, welche Menschen tragen, die danach streben, eine vollkommen neue menschliche Gemeinschaft zu bilden, in der eines Tages der ätherische Christus wirken kann.

Der Aufstieg in die Sphäre der sozialen Imaginationen

Blicken wir zum Schluss noch einmal auf die erste Stufe: das Durchleben der Bildnatur des Menschen. Diese Stufe ist deshalb besonders wichtig, weil sie schon in der nächsten Zukunft zu erreichen ist und uns nicht mehr viel Zeit für ihre Verwirklichung bleibt. Denn ohne diese können alle nachfolgenden Stufen nicht auf die richtige Weise

Erwachen an seelisch-geistigen des anderen

vollzogen werden. Deshalb beschreibt Rudolf Steiner in anderen Vorträgen diese Stufe besonders genau und nennt sie das Erwachen am seelisch-geistigen Wesen des anderen Menschen (siehe GA 257, 27.2.1923).

Was bedeutet ein solches inneres Erwachen? Es ist das Aufsteigen unseres Bewusstseins auf eine höhere Stufe als die unseres allmorgendlichen Erwachens. Im Schlaf sind wir in der Welt des Traumes und wachen aus ihm in unser frisches Tagesbewusstsein auf. Was nun notwendig wird, ist, dass wir in der sozialen Sphäre die nächste Ebene erreichen, die dann *über* dem normalen Tagesbewusstsein des Menschen liegt. Durch das bildhafte Miterleben des anderen Menschen, indem wir die Offenbarung seines seelisch-geistigen Wesens aufnehmen, müssen wir, von unserem gewöhnlichen Bewusstsein ausgehend – in welchem wir in Bezug auf unsere Mitmenschen allzu oft nur ein kaltes, kritisierendes und verurteilendes Denken anwenden –, eine höhere Stufe erklimmen, und zwar diejenige des rein *imaginativen* Erlebens des anderen Menschen. Gelingt uns dieser erste Schritt, so werden wir bemerken, dass, im Gegensatz zu dem abstrakten Denken, welches nur zergliedert und zerteilt, dieses höhere, imaginative Denken – oder Herzdenken – als neues Wahrnehmungsorgan verbindend, das heißt sozial, in uns wirkt.

kalte Kritik

Den beschriebenen Aufstieg des menschlichen Bewusstseins in die Sphäre der sozialen Imaginationen nennt Rudolf Steiner den «umgekehrten Kultus»,[7] der uns

umgekehrter Kultus

unmittelbar in das oben erwähnte höhere Mysterium des «umgekehrten» Pfingsten führt, denn der «umgekehrte Kultus» ist sein wichtigster Bestandteil. Infolgedessen erhält der Mensch durch das Interesse am Geistig-Seelischen, am Ewigen des anderen Menschen die Möglichkeit, zu dessen rein imaginativer Wahrnehmung als Grundlage vollkommen neuer sozialer Beziehungen zu *erwachen*. Und dieser entscheidende Schritt ist in unserer Zeit für das zukünftige Entstehen einer christlichen Gemeinschaft in der Menschheit unabdingbar.

Wollen wir das soziale Leben wirklich *verstehen*, so dürfen wir die Bedeutung des Denkens, das dabei eine Rolle spielt, nicht zu gering achten. Nur mit seiner Hilfe ist ein Verständnis der sozialen Gesetzmäßigkeiten tatsächlich erreichbar. Im Falle jedoch, dass wir in dieser sozialen Sphäre irgendetwas *verwirklichen* wollen und uns dieser Aufgabe nur anhand unserer Verstandes-Schemata annähern, werden wir sehr bald gewahr, dass das nackte, urteilende Denken in der sozialen Verwirklichung trennend wirkt und dadurch nur antisoziale Prozesse hervorruft. Infolgedessen beginnen die Menschen, sich in Parteien zu spalten, unterschiedliche Standpunkte unversöhnlich zu verteidigen und jeder beginnt, dogmatisch nur seine eigene «Wahrheit» darzustellen, die dann ideologisiert wird, sodass schlussendlich alle sozialen Beziehungen zerstört sind. Erheben wir uns jedoch durch ein echtes Interesse für den anderen Menschen – was zum inneren Aufwachen und dadurch

54

zum Miterleben von dessen seelisch-geistiger Grundlage führt – auf die höhere, imaginative Stufe, so verstehen wir, dass alles wahrhaft Soziale nur in der aufgezeigten Weise verwirklicht werden kann. Das gedankliche Erfassen ist nur der erste, anfängliche Schritt, auf den dann die Arbeit folgen muss, welche mehr und mehr aus sozialen Imaginationen heraus geführt ist. Nur mit deren Hilfe kann in der Menschheit ein neues, menschenwürdiges soziales Leben begründet werden.

Mit dem Gesagten ist das wichtigste geistige Ereignis unserer Zeit verbunden: das Erscheinen des Christus in ätherischer Form. Deshalb steigen wir, vom beschriebenen Weg in der Sphäre der Imaginationen ausgehend, als soziale Gemeinschaft bereits in diejenige Sphäre auf, wo heute der ätherische Christus wirkt und sich eine Begegnung mit Ihm nicht nur als individuelles Erlebnis einer einzelnen menschlichen Persönlichkeit ereignen kann, sondern ein *gemeinschaftliches Erlebnis* wird. Rudolf Steiner weist auf dieses erstaunliche Ideal hin, indem er davon spricht, dass der Christus in Zusammenkünften von Menschen erscheinen und in ihnen Sein Wort sprechen wird. «Mag es auch heute noch grotesk erscheinen, aber wahr ist es doch, dass manchmal, wenn die Menschen zusammensitzen, nicht ein noch aus wissen, und auch wenn größere Menschenmengen zusammensitzen und warten: dass sie dann den ätherischen Christus sehen werden! Da wird er selber sein, wird beratschlagen, wird sein Wort auch in Versammlungen hineinwerfen. Diesen Zeiten gehen wir durchaus entgegen» (GA 130, 1.10.1911). Damit dies im sozialen Leben aus den Kräften des «umgekehrten» Pfingsten geschehen kann, muss ein neuer Äther-«Raum» geschaffen werden, das heißt, es muss diese besondere geistige Sphäre entstehen, in welcher Christus den Menschen auch im Sozialen erscheinen kann.

Rudolf Steiner spricht davon, dass die heutige, fünfte nachatlantische Epoche die Periode der Entwicklung der Bewusstseinsseele ist, in der das individuelle Ich des Menschen seine höchste Entfaltung erreichen soll. In der Tat darf diese höchste Stufe in der Entwicklung des individuellen Ich, das in unserer Zeit ausschließlich auf sich selbst gestellt ist, auf keinen Fall umgangen werden. Und hier weist Rudolf Steiner darauf hin, dass die weitere Aufgabe der Bewusstseinsseele sein wird, ihre zukünftige Verwandlung in die Imaginationsseele zu erreichen (siehe GA 145, 29.3.1913), das heißt in diejenige Seele, welche fähig ist, auf künstlerisch schaffende Weise tätig zu sein, vor allem im sozialen Bereich. Und das ist bereits der Anfang der Entwicklung der Bewusstseinsseele in Richtung des Geistselbst, das heißt in Richtung der sechsten Kulturepoche. Die Bewusstseinsseele ist, wie schon erwähnt, ihrer Natur nach absolut individuell und trägt dadurch einen bestimmten Hang zur antisozialen Entwicklung in sich. Sie strebt fortwährend zu Situationen hin, in denen jeder nur für sich alleine steht. So sind extremer Individualismus und zunehmende Einsamkeit die wichtigsten Begleiterscheinungen der Bewusstseinsseelenentwicklung. Die sechste Epoche oder Epoche des Geistselbst wird hingegen eine soziale sein (siehe GA 186, 7.12.1918). Und gründet sich nicht auf dieses Ziel die ganze Bedeutung der Anthroposophischen Weltgesellschaft, sofern wir nur bereit sind, uns ihm ernsthaft genug zuzuwenden?

Denn die kommende Epoche des Geistselbst können wir nur gemeinsam, das heißt sozial vorbereiten. Und einer solchen sozialen Tätigkeit – soll sie dem Charakter der Bewusstseinsseele voll und ganz genügen – muss eine intensive, individuelle Erkenntnisarbeit vorangehen. Danach müssen ihre Früchte in der sozialen Sphäre jedoch unbedingt verwirklicht werden, in welcher sie berufen sind, die Grundlage für die ersten Keime des Geistselbst zu bilden, welches, von unserer Zeit beginnend, vorbereitet werden muss. Dafür brauchen wir die Allgemeine Anthroposophische Gesellschaft mit all ihren verschiedenen Gruppen und Zweigen, welche alle Anthroposophen in der Welt vereinigt, weil die uns gestellte geistig-soziale Aufgabe nur durch gemeinsame Anstrengungen miteinander verwirklicht werden kann.

Eine umfassende geistige Bruderschaft, die aus dem gemeinsamen Geist ihre inneren Kräfte schöpft, muss für die Vorbereitung des Geistselbst aus der Anthroposophischen Gesellschaft werden. «Daher dürfen wir uns vorstellen, dass dadurch, dass wir uns in Arbeitsgruppen brüderlich vereinigen, unsichtbar über unserer Arbeit schwebt dasjenige, was wie das Kind jener Kräfte ist, welche die Kräfte des Geistselbst sind, das von den Wesen der höheren Hierarchien gepflegt wird, damit es dann herunterströmen kann in unsere Seelen, wenn sie wieder da sein werden in der sechsten Kulturperiode. Arbeit leisten wir in unseren brüderlichen Arbeitsgruppen, die heraufströmt zu den für das Geistselbst vorbereitet werdenden Kräften» (GA 159/160, 15.6.1915).

In der russischen Sprache gibt es für dieses Zukunftsideal ein spezielles Wort: *Sobornost'*,[8] das aber auch in Russland selbst bis heute noch nicht richtig verstanden wird. Versuchen wir es jedoch mit Hilfe der Anthroposophie zu verstehen, so wird deutlich, dass als das wichtigste Ziel der sechsten Kulturepoche das Bauen eines zukünftigen sozialen Tempels auf der Erde nur durch die individuellen Anstrengungen der Menschen verwirklicht werden kann, die sich dank ihres Durchdrungenseins von dem einigenden Geist, dem gemeinsamen Geist des «umgekehrten Pfingsten», frei zusammengefunden und aus ihm wirkend eine neue soziale Gemeinschaft gebildet haben.

Damit knüpft Rudolf Steiner unmittelbar an die inneren Aufgaben des wahren Rosenkreuzertums an, das im Erbauen des sozialen Tempels seine wichtigste Aufgabe sah. In dem gleichen Sinne verstand auch Rudolf Steiner den Zusammenschluss der einzelnen Zweige in der Anthroposophischen Gesellschaft. So sagte er bei der

Begründung des Neuchâteler Zweiges: «So möge denn der Zweig einer der Bausteine sein zu dem Tempel, den wir aufbauen möchten» (GA 180, 28.9.1911).

1923, im Zuge der Vorbereitung der kommenden Weihnachtstagung, hat Rudolf Steiner dann von dem «umgekehrten Kultus» als geistiger Grundlage jeder Zweigarbeit gesprochen. Dieser soll in dem inneren seelisch-geistigen Raum des Zweiges «zelebriert» werden, um die Menschen in das Reich der Hierarchien zu führen. Denn bei diesem sozialen Kultus werden nicht die Engel zu den Menschen herabsteigen, sondern die Menschen müssen lernen, in die Sphäre der Engel aufzusteigen (siehe GA 257, 3.3.1923).[9] Das ist aber diejenige Sphäre der geistigen Welt, in der heute auch der ätherische Christus im Gewand eines Engels erscheint (siehe GA 182, 2.5.1913).

So verbinden sich im Hinblick auf die kommende sechste Kulturepoche die geistigen Aufgaben der Allgemeinen Anthroposophischen Gesellschaft schrittweise mit den Aufgaben der gesamten Menschheit.

2. Der Grundstein der Weihnachtstagung und der umgekehrte Kultus

Das Individuelle und das Soziale

Den esoterischen Kern der Weihnachtstagung von 1923/24 bildet «Die Grundsteinlegung der Allgemeinen Anthroposophischen Gesellschaft durch Dr. Rudolf Steiner», wie sie im Programm der Tagung für den 25. Dezember 1923, 10.00 Uhr vormittags, angekündigt wurde. In dem Begleittext war noch hinzugefügt: «Am Dienstag, 25. Dez., soll in der Grundsteinlegung durch Dr. Rudolf Steiner die Allgemeine Anthroposophische Gesellschaft ihre Weihe erhalten» (GA 260, S. 28).[10] Mit dem Wort «Weihe» wurde von Rudolf Steiner darauf hingewiesen, dass es dabei nicht allein um die Vermittlung von Weisheit gehen solle (was bei der Weihnachtstagung vor allem in den Abendvorträgen geschah), sondern um eine kultische Handlung höchsten Ranges.

Wenn wir uns nun dem Text der Grundsteinlegung selbst zuwenden, so wie er im Stenogramm erhalten geblieben ist, dann können wir ihn als eine ganz einmalige von Rudolf Steiner vor den Mitgliedern der Anthroposophischen Gesellschaft gehaltene *esoterische Stunde* erleben. Diese begann zunächst, wie seine anderen esoterischen Stunden auch, mit direkten Mitteilungen aus der geistigen Welt und ging dann in eine schlichte Beschreibung dessen über, was Rudolf Steiner, der führende Eingeweihte unserer Zeit, in der an die Erde angrenzenden geistigen Welt als eine schöpferische Tat aus Freiheit und Liebe in diesem Augenblick selbst vollzog. Diese von ihm hervorgebrachte ganz neue Schöpfung nannte er den «dodekaedrischen Liebesgrundstein», den er gleich darauf der von ihm neubegründeten Anthroposophischen Gesellschaft als ihre geistige Grundlage übergab.

Wir wollen hier auf eine ganz besondere Eigenschaft dieses Grundsteins hinweisen. Sie besteht darin, dass er die Kraft in sich trägt, das Individuelle und das Soziale, ganz im Sinne der neuen Mysterien, ständig miteinander zu verbinden. Denn das Einpflanzen des Grundsteins in den Boden des menschlichen Herzens kann nur von dem einzelnen Menschen selbst als seine freie Tat vollzogen werden. Ist dieser aber einmal dort verankert, dann wirkt er nicht mehr allein im Sinne einer individuellen geistigen Entwicklung, sondern wird zum unerschütterlichen Fundament einer neuen Menschengemeinschaft.

Auch in der mit dem Grundstein verbundenen Meditation, die in ihrer mantrischen Form für diesen eine Art geistig-ätherisches Kleid oder schützende Hülle im Menschenherzen bildet, kann man eine ähnliche Geste erkennen. Sie beginnt mit dem dreifachen, streng individuellen Ruf «Menschenseele», von dem Rudolf Steiner sagt, dass es sich dabei um die «von sich selbst angerufene Menschenseele» handele (GA 260, 26.12.1923), und endet mit einem mächtigen «Wir»-Akkord, der das Entstehen einer neuen Menschengemeinschaft bekundet:

> «Dass gut werde,
> Was *wir*...»

Daraus geht hervor, dass der ganze Akt der Grundsteinlegung vom 25. Dezember in seiner doppelten Gestalt,
dem Grundstein selbst und der ihn beschreibenden
Grundsteinmeditation, mit demjenigen wesensverwandt
ist, was Rudolf Steiner während des Jahres 1923 im Zuge
der Vorbereitung der Weihnachtstagung als *umgekehrten
Kultus* darstellte (siehe GA 257). Dieser Kultus sollte den
wichtigsten Quell der gemeinschaftsbildenden Kräfte für
jede gemeinsame anthroposophische Arbeit in den Zweigen und Gruppen weltweit sein und damit die Grundlage
für die Neubegründung der Anthroposophischen Gesellschaft, die an der Weihnachtstagung stattfand.

Im Zusammenhang mit diesen beiden Geschehnissen
steht nun die Frage vor uns: Wie ist der umgekehrte Kultus mit der Grundsteinlegung der Allgemeinen Anthroposophischen Gesellschaft verbunden? Im Weiteren soll der
Versuch unternommen werden, sie zu beantworten.

Die Bausteine des umgekehrten Kultus

Zunächst wollen wir uns dem Wesen des umgekehrten
Kultus selbst zuwenden. Er besteht in dem «Erwachen

des Menschen an dem Geistig-Seelischen des anderen Menschen» (GA 257, 27.2.1923). Wie man am Morgen aus dem Schlafzustand zum gewöhnlichen Tagesbewusstsein erwacht, so ist im umgekehrten Kultus die Möglichkeit veranlagt, sich aus diesem heraus zu einem höheren und somit gemeinschaftsbildenden Bewusstseinszustand zu erheben.

Das Tagesbewusstsein des Menschen ist normalerweise vor allem vom Gedankenleben durchzogen. Denn nur dieses besitzt in der Menschenseele den Grad von Wachheit, welcher für ein klares Bewusstsein notwendig ist. Die nächsthöhere Stufe, zu der ein Mensch bewusstseinsmäßig aufsteigen kann, besteht schon in einem voll bewussten Leben in Imaginationen.[11] Diese spielen eine entscheidende Rolle für das soziale Leben der Menschen untereinander. Rudolf Steiner wird nicht müde, zu betonen, dass alle sozialen Fragen der Menschheit nicht mit dem Kopfdenken, sondern nur aus dem imaginativen Bewusstsein heraus gelöst werden können. Deshalb ist, wie wir noch sehen werden, die von den Menschen zu entwickelnde Fähigkeit, in Imaginationen zu leben, für die Gestaltung einer geistgemäßen sozialen Ordnung sowie für den Vollzug des umgekehrten Kultus von ganz entscheidender Bedeutung.

Bei einer Beschäftigung mit der Frage nach dem umgekehrten Kultus wird nicht selten außer Acht gelassen, dass dieser nicht in einem leeren Raum entstehen kann, sondern eine bestimmte seelische Qualität als Ausgangspunkt benötigt. Rudolf Steiner bezeichnet sie als «spirituellen Idealismus». Ohne eine solche Grundlage ist der umgekehrte Kultus mit dem Erwachen am Geistig-Seelischen des anderen Menschen nicht zu verwirklichen. «Die Kraft zu diesem Erwachen, sie kann dadurch erzeugt werden, dass in einer Menschengemeinschaft spiritueller Idealismus gepflanzt wird» (ebd.). Und an einer anderen Stelle beschreibt Rudolf Steiner noch ausführlicher, um was es sich dabei handelt. Denn hier geht es nicht um den allgemein bekannten «angeborenen» Idealismus, den mehr oder weniger alle jungen Menschen in sich tragen und der im weiteren Verlauf des Lebens in den meisten Fällen mehr und mehr abklingt, sondern um einen neuen, bewusst anerzogenen Idealismus, der den Menschen, der sich bewusst zu dessen Höhen erhebt, nie mehr verlässt, denn er trägt in unserer Zeit einen tief christlichen Grund in sich. Deshalb bringt Rudolf Steiner ihn mit dem modernen Weg des Menschen in Zusammenhang, auf dem der Christus durch die innere Entfaltung der Willenskräfte erreicht werden kann: «Nur im anerzogenen Idealismus verwirklicht sich das, was das paulinische Wort über den Christus sagen will: ‹Nicht ich, sondern der Christus in mir›» (GA 193, 11.2.1919).

Diesen «spirituellen Idealismus» charakterisiert Rudolf Steiner im Weiteren als eine seelische Fähigkeit, die in der Lage sei, alles dasjenige, was der Mensch «in der Welt der Sinne wahrgenommen» hat, freiwillig «zum Ideal» zu erheben. Dadurch wird in einem inneren Prozess «das Sinnliche ins Übersinnliche hinausgehoben», ein Vorgang, bei dem das Polare zu jedem sakramentalen Kultus geschieht, in dem «das Übersinnliche beginnt sinnlich in den Altarsubstanzen anwesend zu sein» (GA 257, 27.2.1923).

Der nächste Schritt in der Pflege des spirituellen Idealismus geschieht nach Rudolf Steiner durch dasjenige, was er die Kraft der «Begeisterung» nennt, die vor allem in der Entfaltung der Gemüts- und Willenskräfte im Menschen besteht. Dadurch gewinnt «das Ideal ein höheres Leben» (ebd.) und wird fortan fähig, die es hegende menschliche Seele in die geistige Welt zu führen. Denn die «Begeisterung trägt den Geist in sich» (GA 260a, 20.7.1924), eine Tatsache, auf die das deutsche Wort direkt hinweist. Begeisterung heißt: «Im Geiste sein».

Dann fügt Rudolf Steiner noch eine dritte Eigenschaft hinzu, die neben dem spirituellen Idealismus und der Kraft der Begeisterung unabdingbar zu den Grundlagen des umgekehrten Kultus gehört und sogar dessen Nährboden bildet. Das ist die Stimmung, die in den Zweigen und Gruppen bei der Beschäftigung mit dem anthroposophischen Weisheitsgut gemeinsam gepflegt werden soll. Es geht hier um die konsequente «Pflege von durchgeistigter Empfindung», die Rudolf Steiner auch mit dem Wort «Ehrerbietung» bezeichnet. Nur in einer solchen Atmosphäre kann der umgekehrte Kultus in anthroposophischen Zweigen und Gruppen wirklich gedeihen. «Das können wir auf gefühlsmäßige Weise erreichen, wenn wir uns angelegen sein lassen, überall dort, wo wir Anthroposophisches pflegen, diese Pflege von durchgeistigter Empfindung zu durchdringen, wenn wir verstehen, schon die Türe, schon die Pforte zu dem Raum – und mag er sonst ein noch so profaner sein, er wird geheiligt durch gemeinsame anthroposophische Lektüre[12] – als etwas empfinden, was wir mit *Ehrerbietung* übertreten» (GA 257, 27.2.1923).

Und auch nach der Weihnachtstagung schreibt er von der «*Ehrfurcht* vor dem geistigen Leben» (am 23.9.1924 im 10. Brief an die Mitglieder, GA 260a; kursiv Rudolf Steiner), die in den Zweigen «in aller anthroposophischen Darstellung» walten muss. Denn «wo diese Ehrfurcht fehlt, da ist in dem Besprechen anthroposophischer Wahrheiten keine Kraft» (ebd.). Und diese innere Kraft ist notwendig, damit sich die höheren Wesenheiten mit der anthroposophischen Arbeit in den Zweigen verbinden können.

Nun kann man sich vielleicht fragen, warum ausgerechnet *diese* Stimmung im Zweigleben von so besonderer Bedeutung ist. Die Antwort lautet: Weil das Ziel der anthroposophischen Gruppenarbeit im Zusammenwirken mit geistigen Wesenheiten besteht. Und das ist ohne diese Stimmung nicht zu verwirklichen, weshalb sie auch eine wahre Schwellenstimmung genannt werden kann.

Im Gegenteil wirkt es oft bedrückend, wenn gerade diese

innere Bedingung des umgekehrten Kultus in der gemeinsamen Zweigarbeit außer Acht gelassen wird, wodurch diese früher oder später in Verfall gerät. – Es darf hier noch besonders betont werden, dass es sich bei den zuvor angeführten Worten Rudolf Steiners nicht um ein Zitat aus «alten theosophischen Zeiten» handelt, sondern um die Lebensbedingungen einer anthroposophischen Gemeinschaft, die von dem Eingeweihten im Jahre 1923 allmählich auf die bevorstehende Begründung der neuen Mysterien an der Weihnachtstagung vorbereitet wurde. Auch später wurden diese Grundbedingungen für das Gedeihen der anthroposophischen Zweigarbeit von ihm immer wieder ausgesprochen.

So ist es nicht verwunderlich, dass Rudolf Steiner bereits in seiner Eröffnungsansprache zur Weihnachtstagung mit großem Nachdruck darauf hinwies, dass das Entscheidende, was die Teilnehmer zu dieser Tagung mitbringen sollten, «Stimmung und Stimmung und wieder Stimmung» sei (GA 260, 24.12.1923). Und neben dieser «anthroposophischen Stimmung» (ebd.) erwähnt er auch unmittelbar den «Enthusiasmus», den diese Tagung unbedingt brauche, um ihr Ziel zu erreichen. Damit sind die wesentlichen Eigenschaften des umgekehrten Kultus in das unmittelbare Geschehen der Weihnachtstagung mit einbezogen.

In dieser Beziehung darf man sich keinen Illusionen hingeben: Wo in Zweigen und Gruppen diese ehrerbietige, ja ehrfürchtige Stimmung nicht genügend und konsequent gepflegt wird, entsteht kein umgekehrter Kultus. Denn schlussendlich hat er die Aufgabe, die an ihm Beteiligten zu dem Ziel zu führen, «dass durch den ganzen Prozess des Aufnehmens anthroposophischer Ideen ein wirkliches real-geistiges Wesen anwesend wird in dem Raume, in dem wir Anthroposophie treiben» (GA 257, 27.2.1923). Nur wenn diese Stufe der Gruppenarbeit erreicht ist, «fängt die einzelne anthroposophische Wirksamkeit an, ein Realisieren des Übersinnlichen selbst zu werden» (ebd.). Dann beginnt man in einem Zweig nicht über, sondern aus der Anthroposophie zu sprechen. Und nun kann sich ein Wesen aus den Reichen der höheren Hierarchien mit einer solchen anthroposophischen Gruppe oder einem solchen Zweig als der neue Gruppengeist oder die neue Gruppenseele verbinden. (An anderer Stelle wurde dieses Thema von mir schon ausführlicher dargestellt.[13])

In den neuen Mysterien geschieht eine solche Zusammenarbeit jedoch nicht nur dadurch, dass höhere Wesen heruntersteigen, sondern auch indem die umgekehrte Bewegung möglich wird: das Aufsteigen des Menschen durch den umgekehrten Kultus in die geistige Welt. Und darin liegt nach Rudolf Steiner das wahre Ziel der Zweigarbeit: «Die Arbeit einer anthroposophischen Gruppe besteht nicht bloß darin, dass eine Anzahl von Menschen über anthroposophische Ideen reden, sondern dass sie sich als Menschen so vereinigt fühlen, dass Menschenseele an Menschenseele erwacht und die Menschen hinaufversetzt werden in die geistige Welt, sodass sie wirklich unter geistigen Wesen sind, wenn auch vielleicht ohne Schauen» (GA 257, 3.3.1923).

Und wenn sich der umgekehrte Kultus in den anthroposophischen Gruppen unter den angegebenen Bedingungen immer weiter entfaltet, dann wird bereits in unserer Zeit, wenn auch zunächst nur anfänglich, die Aufgabe erfüllt, die Rudolf Steiner in folgenden Worten zum Ausdruck bringt: «Die Menschen müssen mit den Göttern zusammenarbeiten, mit Michael selbst» (GA 240, 19.7.1924).

Die vier Stufen des umgekehrten Kultus

In Bezug auf das Bilden von Menschengemeinschaften und die mit diesem Prozess verbundenen neuen Gruppenseelen sagt Rudolf Steiner: «So kann auch durch dasjenige, was wir gemeinsam erleben, indem wir gemeinsam Anthroposophisches aufnehmen, zwar nicht ein solcher Gruppengeist durch das Blut [wie die alten Gruppenseelen], aber doch ein realer Gemeinschaftsgeist herangezogen werden.

72

Vermögen wir diesen zu empfinden, dann binden wir uns als Menschen zu wahren Gemeinschaften zusammen» (GA 257, 27.2.1923). Und in einem anderen Vortrag bezeichnet er diesen ‹herangezogenen› realen Gemeinschaftsgeist als ein Wesen, das zunächst der Engelhierarchie angehört. Das heißt, nicht durch äußere Formen der Zusammenarbeit, sondern vor allem durch die gemeinsame Suche nach einem Zusammensein mit hierarchischen Wesenheiten, kann eine echte anthroposophische Gruppe auch in sozialer Hinsicht auf Dauer heilsam und produktiv in der Welt wirken. Und das Praktizieren des umgekehrten Kultus ist der konkrete Weg dahin (siehe ebd.).

Schaut man genauer auf die dem Kultus innewohnenden Stufen, durch die eine neue, mit der geistigen Welt bewusst zusammenwirkende Menschengemeinschaft entstehen kann, so lässt sich die folgende Entwicklung erkennen. Zunächst geht man von der Grundlage des spirituellen Idealismus aus, der im Sinne der bekannten Äußerung aus *Wie erlangt man Erkenntnisse der höheren Welten?* zu verstehen ist: «Jede Idee, die dir nicht zum Ideal wird, ertötet in deiner Seele eine Kraft; jede Idee, die aber zum Ideal wird, erschafft in dir Lebenskräfte» (GA 10, S. 28). Das Ziel der Entfaltung dieses Idealismus ist im sozialen Leben die Bildung einer auf rein brüderlicher Liebe begründeten Menschengemeinschaft.

Zwischen dem Ausgangspunkt dieses Weges und dem Erreichen des Zieles liegt jedoch eine entscheidende

Zwischenstufe, die unmittelbar in das Wesen des Sozialen führt. Diese mittlere Stufe besteht in der Bildung von Imaginationen. Denn die soziale Frage kann, wie bereits oben erwähnt, niemals durch noch so schöne Ideale gelöst werden, solange sie nur im Gedanklichen bleiben, sondern allein durch das Erschaffen neuer Imaginationen. Denn nur diese vermögen eine solche Menschengemeinschaft ins Leben zu rufen und zu erhalten, in der eine auf Liebe gegründete, wahre Brüderlichkeit erblühen kann. Aus diesem Grunde weist Rudolf Steiner schon in § 3 der Weihnachtstagungsstatuten darauf hin, dass die Ergebnisse der am Goetheanum gepflegten Anthroposophie «zu einem wirklich auf brüderliche Liebe aufgebauten sozialen Leben» führen können (GA 260a, 13.1.1924).

Allein in solchen auf brüderlicher Liebe gründenden Menschengemeinschaften, in denen durch die Beschäftigung mit der Anthroposophie nicht nur die Gedanken, sondern vor allem die Gefühle der Beteiligten wie in ein unsichtbares Zentrum zusammenfließen, ist eine reale Verbindung mit der geistigen Welt und den ihr innewohnenden geistigen Wesenheiten als den neuen Gruppenseelen möglich. «Dadurch, dass die Menschen freiwillig ihre Gefühle zusammenstrahlen lassen, wird wiederum etwas über den bloß emanzipierten Menschen hinaus gebildet. ... Die Gefühle, die so zu einem Mittelpunkt zusammenströmen, geben nun wiederum [geistigen] Wesenheiten Veranlassung, wie eine Art von Gruppenseelen zu wirken» (GA

74

102, 1.6.1908). Dabei ist besonders das Zusammenströmen der Gefühle aller an einer solchen anthroposophischen Arbeit Beteiligten in einen gemeinsamen «Mittelpunkt» von großer Bedeutung. Jedoch muss sich dieser zuerst auf die entsprechende Weise aus dem anthroposophischen Inhalt, an dem sich alle wirklich begeistert haben, bilden. Denn die geistige Arbeit, welche alle Mitwirkenden innerlich verbindet, erzeugt die «Gemeinschaftsgefühle», welche für die höheren Wesenheiten (neuen Gruppenseelen) anziehend sind. «Und je mehr da Gemeinschaftsgefühle bei völliger Freiheit ausgebildet werden, desto mehr erhabene [geistige] Wesenheiten werden zu den Menschen heruntersteigen» (ebd.).

Es geht in diesem frühen Vortrag Rudolf Steiners, in dem er auf die neuen Gruppenseelen hinweist, die heute mit den frei gewordenen Menschen im Sozialen zusammenwirken wollen, meines Erachtens um dieselben «Gruppenseelen oder Gruppengeister», von denen 1923 im Zusammenhang mit dem umgekehrten Kultus gesprochen wird. Und die bewusste Verbindung mit ihnen bezeichnet Rudolf Steiner als eine neue «Gemeinschaft mit dem Geiste», welche im spirituellen Sinn heute allein gemeinschaftsbildend wirken kann. Denn überall dort, wo die Menschen in ihre erwachten Seelen «die anthroposophischen Ideen aufnehmen, senkt sich über ihre Arbeitsstätte herunter die gemeinsame reale Geistigkeit» (GA 257, 27.2.1923), sodass die «Geister im geistigen Erfassen [der Anthroposophie] geistige Gemeinschaft mit uns haben» können (ebd.). Und dann, den ganzen Vorgang noch einmal zusammenfassend, sagt er: «Ist dieses wahre Verständnis für die Anthroposophie da, dann ist dieses Verständnis der Weg nicht bloß zu Ideen vom Geiste, sondern zu Gemeinschaft mit dem Geiste. Dann aber ist das Bewusstsein dieser Gemeinschaft mit der geistigen Welt auch gemeinschaftsbildend» (ebd.).

Dadurch können auf der Erde neue Gemeinschaften aus brüderlicher Liebe entstehen, in welchen die Menschen auf dem Weg des umgekehrten Kultus in die geistige Welt aufsteigen, und die hierarchischen Wesenheiten kommen ihnen von oben entgegen, wodurch eine neue Begegnungs- und Arbeitsart zwischen Göttern und Menschen möglich wird. – Im umgekehrten Kultus lassen sich auf dieser Grundlage folgende vier Stufen unterscheiden:

– Das Ergreifen anthroposophischer Ideen im Sinne des spirituellen Idealismus, sodass sie zu einem Quell der gemeinsamen Begeisterung werden und dadurch das Interesse an den Gedanken des anderen Menschen wecken.

– Die Ausbildung der Fähigkeit, den anderen Menschen bildhaft oder imaginativ zu erleben, so wie es Rudolf Steiner vor allem in dem Vortrag vom 26. Oktober 1918 beschrieben hat. «Das wird es sein, was in diesem Zeitalter der Bewusstseinsseele über die Menschheit kommen muss: den Menschen bildhaft auffassen zu können», denn «das geistige Urbild des Menschen

müssen wir durchschauen lernen durch seine Bildnatur» (GA 185). Diese neue Fähigkeit führt dann zu
dem wirklichen Erwachen der Seele an dem Geistig-
Seelischen des anderen Menschen. Auf die gleiche
Aufgabe wird auch nach der Weihnachtstagung, vor
allem im 13. Mitgliederbrief vom 18. Mai 1924, dem
Marie Steiner den Titel «Die Bildnatur des Menschen»
gab,[14] hingewiesen. Und in dem Aufsatz «Was offenbart
sich, wenn man in die vorigen Leben zwischen Tod und
neuer Geburt zurückschaut?» (Dezember 1924), fügt
Rudolf Steiner hinzu, dass die «menschliche Gestalt
... ein durch und durch Geistiges» ist, und «für den,
der geistig schauen kann, liegt dieses so, dass er in der
Menschengestalt eine wirkliche Imagination sieht, die
in die physische Welt heruntergestiegen ist» (GA 26).

– Die Bildung einer neuen Menschengemeinschaft aus
brüderlicher Liebe, die als ihre zentrale Aufgabe die
gemeinsame Pflege des anthroposophischen Weisheits-
gutes hat und in ihrer geistigen Arbeit allmählich die
oben beschriebenen «Mittelpunkte» bildet, in die dann
die höheren Gefühle der Beteiligten zusammenfließen,
damit eine seelisch-geistige Schale für die Anwesenheit
der hierarchischen Wesenheiten entstehe.[15]

– Das Erleben der «Gemeinschaft mit dem Geiste»
durch die Anwesenheit engelhafter oder noch höherer
Gruppenseelen in einem solchen anthroposophischen
Menschenzusammenhang.

Das Wirken des Engels im Astralleib

In dem Vortrag vom 9. Oktober 1918 mit dem Titel «Was tut der Engel in unserem Astralleib?» beschreibt Rudolf Steiner, wie in unserer Zeit die geistigen Wesenheiten aus der Engelhierarchie im menschlichen Astralleib Bilder (Imaginationen) bewirken, welche die Aufgabe haben, in der Seele des Menschen drei Zukunftsideale hervorzurufen.

Das erste charakterisiert er als einen «Impuls absolutester *Brüderlichkeit*», als «richtig verstandene Brüderlichkeit mit Bezug auf die sozialen Zustände im physischen Leben» (GA 182).

Das zweite Ideal, zu dem die erwähnten Bilder der Engel führen, besteht darin, «dass in der Zukunft jeder Mensch in jedem Menschen ein verborgenes Göttliches sehen soll» (ebd.). Um dieses Ziel zu erreichen, ist es aber notwendig, «den Menschen zu erfassen *als Bild*, das sich aus der geistigen Welt heraus offenbart» (ebd.). Besonders beeindruckend sind die Folgen eines solchen bildhaften bzw. imaginativen Erfassens des anderen Menschen für die soziale Gestalt des Zusammenlebens. Denn daraus entfaltet sich mit der Zeit eine «freie Religiosität», die darin besteht, dass im Sozialen «die Begegnung jedes Menschen mit jedem Menschen von vornherein eine religiöse Handlung, ein Sakrament sein» wird. Dadurch wird das ganze Leben der Menschen auf dem physischen Plan «zum Ausdruck des Übersinnlichen gemacht».

Das dritte Ideal besteht darin, jenen Schritt zu verwirklichen, der durch die von den Engeln im menschlichen Astralleib hervorgerufenen Bilder angeregt wird: «durch das Denken zum Geist zu gelangen» (ebd.), das heißt, zum Verstehen der modernen *Geisteswissenschaft* zu kommen.

«Geisteswissenschaft für den Geist, Religionsfreiheit für die Seele, Brüderlichkeit für die Leiber, das tönt wie eine Weltenmusik durch die Arbeit der Engel in den menschlichen astralischen Leibern» – mit diesen Worten fasst Rudolf Steiner die drei beschriebenen Fähigkeiten zusammen.

Dann stellt er als die wichtigste Aufgabe der Gegenwart dar, dass der Mensch sich dieser Arbeit des Engels in seinem Astralleib allmählich bewusst werden, ja sogar den Engel selbst dabei schauen können soll. «Die Menschen müssen rein durch ihre Bewusstseinsseele, durch ihr bewusstes Denken dazu kommen, dass sie *schauen*, wie es die Engel machen, um die Zukunft der Menschheit vorzubereiten» (ebd.).

Erinnert man sich an dieser Stelle daran, dass innerhalb der dritten Hierarchie die Engel als die Wesenheiten mit einem voll ausgebildeten Geistselbst vor allem den Impuls des Heiligen Geistes vertreten (siehe GA 175, 20.2.1917) und als solche auf dem Weg der modernen Einweihung erlebt werden können, dann finden wir auch hier die uns schon bekannten vier Stufen des umgekehrten Kultus.

So bestehen die drei Grundeigenschaften, zu denen

die Engel die Menschen durch die in deren Seele hervor-
gebrachten Bilder führen möchten,

- im Studium der Geisteswissenschaft
- im Erleben des anderen Menschen im Bilde[16]
- und im Erlangen der wahren Brüderlichkeit im sozialen
  Leben.
- Hinzu kommt als vierte Stufe die bewusste Begegnung
  mit dem Engel als dem den Menschen am nächsten
  stehenden Repräsentanten des Geistes, der zugleich
  eine Vermittlerrolle zwischen ihnen und den höheren
  Hierarchien (Archangeloi und Archai) einnimmt.

Und wie es im umgekehrten Kultus primär um das *Erwachen* des Menschen in seiner Bewusstseinsseele für die nächsthöhere Stufe des Weltenseins geht, auf welcher der Mensch
tatsächlich unter den Engeln sein kann, so verhält es sich
auch in Bezug auf das Wirken des Engels im Astralleib, um
dadurch das Zukunftsideal der sechsten Kulturepoche vor
allem im Bereich der Gemeinschaftsbildung zu erfüllen.[17]

Der umgekehrte Kultus und der Grundstein

Die gleichen vier Stufen, die wir als zu dem umgekehrten
Kultus gehörend erkannt haben, finden sich auch in dem
Wesen des Grundsteins der Weihnachtstagung.

- Er erhält seine Aura aus den *Welten-Menschen-Gedanken*, die deshalb wie auf selbstverständliche Weise zu Idealen werden, da hier die Menschengedanken sich mit den Weltgedanken verbinden.
- Seine Form besteht aus *Welten-Menschen-Imaginationen*, durch die man das höhere Wesen des anderen Menschen erfasst, weil sich die Menschenimaginationen an die Weltenimaginationen anschließen und das geistige Wesen des Menschen wahrnehmbar machen.
- Seine Substanz besteht aus *Welten-Menschen-Liebe*, die in der Lage ist, eine neue Menschengemeinschaft zu begründen. Denn jetzt knüpft die individuelle Menschenliebe an die Weltenliebe an und wirkt dadurch sozialbildend.
- Schließlich erscheint auf der vierten Stufe, als Kulmination des gesamten Prozesses, in der Gedankenaura des Grundsteins, die bei dem umgekehrten Kultus dem gemeinsamen Studium der Anthroposophie entspricht, *der Geist*, dessen Vertreter in der übersinnlichen Welt die sich auf die Gruppe herniedersenkende engelhafte oder noch höhere Gruppenseele ist.

In dem Prozess der Grundsteinlegung selbst fügte Rudolf Steiner noch die entsprechenden Aufgaben hinzu, die von dem Menschen erfüllt werden müssen, um im Sinne des umgekehrten Kultus den Grundstein im eigenen Herzen wirksam werden zu lassen.

So spricht er bezüglich der Gedankenaura des Grundsteins, die er mit dem Hauptessystem des Menschen in Verbindung bringt, von der Aufgabe, «die Herzenswärme in das Hauptessystem auszugießen», um dadurch die Gedanken zu verlebendigen.

In Bezug auf die imaginative Form, die mit dem Herzen als Zentrum des mittleren Systems verbunden ist, formuliert Rudolf Steiner die Aufgabe, «das Herz als Erkenntnisorgan» zu betätigen, welches dann imstande ist, die «Weltenbilder», das heißt die kosmischen Imaginationen, wahrzunehmen. Denn im Gegensatz zum Kopf erkennt das Herz nicht in Gedanken, sondern in Imaginationen.

Und im Zusammenhang mit der Substanz des Grundsteins, die in einer inneren Verbindung mit den geistigen Grundlagen der Gliedmaßen des Menschen steht, wird von der Aufgabe gesprochen, «im aktiv tätigen Erfassen der Welt ... seine Pflichten, seine Aufgaben, seine Mission in der Welt» zu erfüllen (GA 260, 25.12.1923), das heißt, sein Karma, wie es in dem Stoffwechsel-Gliedmaßen-System lebt und wirkt, bewusst zu ergreifen und in einer Menschengemeinschaft zu verwirklichen. Denn das Karma lebt sich immer unter Menschen aus. Deshalb antwortete Rudolf Steiner auf die Frage, was die Menschen in der Anthroposophischen Gesellschaft vereinige: «Das vereinigt sie, dass sie ihr Karma in Ordnung bringen sollen!» (GA 237, 8.8.1924).

Und der Geist selbst, der bei der Grundsteinlegung in

82

der Gedankenaura des Liebessteines erscheint, wird am Ende der Weihnachtstagung zu dem «guten Stern», der die neubegründete Gemeinschaft der Anthroposophen durch sein himmlisches Licht in die Zukunft hinein führen möchte. (Siehe GA 260, 1.1.1924.)

Aus all diesem geht hervor, dass die vier Bestandteile des Grundsteins genau den beschriebenen Stufen des umgekehrten Kultus entsprechen. Und so führt sein Einpflanzen in den Boden des eigenen Herzens auch zur Verwirklichung des umgekehrten Kultus. Auf diese Weise wird das Wesen des umgekehrten Kultus in das Mysteriengeschehen der Weihnachtstagung integriert und dadurch die Grundlage des ganzen esoterischen Lebens der Anthroposophischen Gesellschaft.

Die Pflege des umgekehrten Kultus in einem Zweig

Einen wichtigen Bestandteil der Esoterik der Anthroposophischen Gesellschaft bildet das innere Leben der Zweige. Deshalb widmete Rudolf Steiner nach der Weihnachtstagung diesem Thema mehrere «Briefe an die Mitglieder». Und es ist von Bedeutung, dass er in dem 15. Brief an die Mitglieder, vom 1. Juni 1924, mit dem Titel: «Noch etwas von der den Zweigversammlungen notwendigen Stimmung», die erwähnten vier Stufen, wenn auch von einem etwas anderen Gesichtspunkt aus, abermals charakterisiert (GA 260a). Dieses erneute Aufgreifen der Thematik geht von der Feststellung aus, dass Anthroposophie den Menschen keinesfalls weltfremd mache, sondern seine Tüchtigkeit in der Welt durch die höhere Sinngebung noch steigern könne.

Im Weiteren lassen sich die folgenden Stufen aus dem Inhalt des Briefes entnehmen. Die erste Stufe lautet: «Die Erfüllung des menschlichen Innern mit Erkenntnissen vom Geistigen ist ein *Aufwachen* aus dem Leben in der sinnenfälligen Wirklichkeit» (ebd.). Es geht hier um das über die Grenzen des alltäglichen Bewusstseins hinausführende innere Erwachen des Menschen, das demjenigen des umgekehrten Kultus ähnlich ist. Und in beiden Fällen handelt es sich zunächst um eine gedankliche (erkenntnismäßige) Auseinandersetzung mit den anthroposophischen Inhalten.

Die zweite Stufe wird folgendermaßen beschrieben: «Das Leben im materiellen Dasein ist für den Menschen diejenige Daseinsstufe, auf der er das Geistige außerhalb von dessen Wirklichkeit *im Bilde* wahrnehmen kann» (ebd., kursiv Rudolf Steiner). Somit geht es hier um die Ausbildung einer neuen, imaginativen Fähigkeit, mit der auch die Bildnatur des Menschen erfasst wird. Dieses Erlebnis steigert den Prozess des inneren Aufwachens des Menschen, der zuvor schon durch das gemeinsame Studium der Anthroposophie begonnen hat, noch weiter.

Bereits in dem vorangehenden 14. Brief wies Rudolf Steiner darauf hin, dass eine solche imaginative Betrachtung der «Bildwesenheit» des Menschen allein durch die dazu notwendige besondere «Seelen-Einstellung» zu einem inneren «Aufwachen» des Menschen führt (GA 260a, 25.5.1924). Und fragt man nach dem Quell dieses Aufwachens, so findet man ihn, im Sinne des umgekehrten Kultus, in dem Geistig-Seelischen des anderen Menschen, welches durch die Vertiefung in seine Bildnatur erlebbar wird.

Aufgrund dieser imaginativen Wahrnehmung, durch die das innere Wesen des Menschen allmählich sichtbar wird, erblüht im sozialen Leben das Interesse und daraufhin auch die echte Hingabe an den anderen Menschen. So schreibt Rudolf Steiner weiter: «In dieser Hingabe liegt die Grundlage des Liebes-Impulses im Leben» (15. Brief). Dadurch wird überhaupt das brüderliche Zusammensein der Menschen untereinander möglich, welches die dritte Stufe des beschriebenen Weges darstellt.

Zum Schluss erwähnt Rudolf Steiner in dem gleichen Brief auch den *Geist*, den die «wahre Anthroposophie» überall in der Natur sucht und der auf dieser abschließenden vierten Stufe auch in den Zweigversammlungen erscheinen und wirken kann, wenn in ihnen die «rechte Stimmung», das heißt eine solche, die aus den drei vorhergehenden Stufen sich ergeben hat, bewusst gepflegt wird. Nur dann wird die Zweigarbeit imstande sein, im Sinne des umgekehrten Kultus dem Menschen dasjenige zu geben, was er auch für sein Leben in der Außenwelt braucht. «Der Geist, der in den Zweigversammlungen waltet, muss zum Lichte werden, das fortleuchtet, wenn das Mitglied den äußeren Anforderungen des Tages hingegeben ist.» Damit wird an das geistige Licht angeknüpft, von dem Rudolf Steiner zweimal während der Weihnachtstagung, am Ende der Grundsteinlegung (25. Dezember 1923) und am letzten Tag (1. Januar 1924), gesprochen hat.

Daraus können wir ersehen, dass Rudolf Steiner, obwohl er weder an der Weihnachtstagung selbst noch danach den umgekehrten Kultus expressis verbis erwähnte, dennoch die ganze Grundsteinlegung als den esoterischen Mittelpunkt derselben mit diesem Kultus verband und offensichtlich auch die Absicht hatte, das Wesen der Zweigarbeit aus dem umgekehrten Kultus mit seinen vier Stufen im Sinne des 15. Mitgliederbriefes zu entfalten. So bleibt der umgekehrte Kultus untrennbar mit dem Grundstein verbunden und wirkt auf geheimnisvolle Weise bis in die Zweige hinein weiter, wenn sie sich nur an den neuen «esoterischen Zug», welcher aus der Weihnachtstagung hervorgegangen ist, halten und in diesem Sinn arbeiten wollen.

Vermögen wir bei unserer anthroposophischen Arbeit in allen äußeren und inneren Situationen unerschütterlich auf diesem geistigen Grundstein zu stehen, dann dürfen wir mit unseren Initiativen so weit als irgend nötig in die

Welt hinaus wirken. Denn aufgrund seiner Anwesenheit in unserem Herzen werden wir nie Gefahr laufen, die notwendige Beziehung zu unseren geistigen Wurzeln, die in der Anthroposophie liegen, zu verlieren. Und umgekehrt: Sollten wir durch eine Vertiefung in uns selbst in die Gefahr geraten, uns zu stark nur mit uns selbst zu beschäftigen und die eigentlichen Ziele der anthroposophischen Weltgemeinschaft aus dem Auge zu verlieren, dann wird es abermals der Grundstein sein, der uns wie ein innerer Mahner durch die ihm innewohnende gemeinschaftsbildende Kraft zu den anstehenden Menschheitsaufgaben zurückbringen wird. Denn «der rechte Boden, in den wir den heutigen Grundstein hineinverlegen müssen, der rechte Boden, das sind unsere Herzen in ihrem harmonischen Zusammenwirken, in ihrem guten, von Liebe durchdrungenen Willen, gemeinsam das anthroposophische Wollen durch die Welt zu tragen. Das wird uns *mahnend entgegenstrahlen können* aus dem Gedankenlichte, das uns von dem dodekaedrischen Liebesstein, den wir in unsere Herzen heute versenken wollen, jederzeit entgegenstrahlen kann» (GA 260, 25.12.1923).

So sind im Grundstein von Anfang an zwei Pole enthalten und in voller Harmonie untrennbar miteinander verbunden: In seinem Gedankenlicht wirkt das Individuelle und in seiner Liebessubstanz das Soziale. Seine imaginative Form jedoch verbindet in voller Freiheit diese beiden Pole und lässt daraus eine neue Menschengemeinschaft als die Anthroposophische Gesellschaft entstehen und gedeihen, in deren mannigfaltigen Initiativen der reale Geist zum Fortschritt der Menschheit anwesend und wirksam sein kann.

Anmerkungen

1 «Das Buch enthält ja die Umrisse der Anthroposophie als eines Ganzen» (GA 13, S. 31).

2 Siehe S. O. Prokofieff, *Rudolf Steiner und die Grundlegung der neuen Mysterien*, Stuttgart ³2008; *Menschen mögen es hören. Das Mysterium der Weihnachtstagung*, Stuttgart 2002; *Die Grundsteinmeditation. Ein Schlüssel zu den neuen christlichen Mysterien*, Dornach 2003; F. W. Zeylmans van Emmichoven, *Der Grundstein*, Stuttgart 1964; Rudolf Grosse, *Die Weihnachtstagung als Zeitenwende*, Dornach 1977; B. C. J. Lievegoed, *Mysterienströmungen in Europa und die neuen Mysterien*, Stuttgart, 1981.

3 Siehe GA 130, 1.10.1911 und Peter Selg, *Mysterium Cordis: Von der Mysterienstätte des Menschenherzens*, Dornach 2003.

4 Bis zu dieser Stelle stammt die Übersetzung von Dr. Julia Selg. Der weitere Text wurde von Anna S. Fischer übersetzt.

5 Siehe dazu S. O. Prokofieff, *Eurythmie als christliche Kunst. Vom Ursprungsimpuls und Wesen des Eurythmischen*, veröffentlicht in: Günther von Negelein (Hrsg.), *Eurythmie. Ein kosmischer Impuls durch Rudolf Steiner*, Dornach 2007.

6 Siehe S. O. Prokofieff, *Der Osten im Lichte des Westens*, Band I, II, III, Dornach 1997.

7 Siehe darüber ausführlicher im 2. Teil dieses Buches, S. 65 ff.

8 «Sobor» heißt auf Russisch zugleich «Kathedrale» und Menschenversammlung: eine Menschengemeinschaft nämlich, die von den Menschen selbst wie ein seelisch-geistiger Tempel gestaltet ist, sodass das soziale Leben von den höheren Wesenheiten der geistigen Welt durchdrungen werden kann.

9 Siehe auch S. O. Prokofieff, *Die esoterische Bedeutung gemeinsamer geisteswissenschaftlicher Arbeit*, Stuttgart 2008.

10 An den beiden zitierten Stellen aus dem Tagungsprogramm benutzte Rudolf Steiner noch die Bezeichnung «Internationale Anthroposophische Gesellschaft», die er später, während der Tagung, bat, nicht mehr zu gebrauchen, sondern durch das Wort «Allgemeine» zu ersetzen (siehe Eröffnungsvortrag am 24. Dezember 1923). Hier und im Weiteren wird aus GA 260, ⁴1985, zitiert.

11 Siehe *Die Stufen der höheren Erkenntnis* (GA 12).

12 Im selben Vortrag spricht Rudolf Steiner im gleichen Sinn auch über die anderen Formen «des Aufnehmens anthroposophischer Ideen» in den Zweigen. So erwähnt er neben dem gemeinsamen Lesen auch «das Gehörte», d. h. die gehaltenen Vorträge, sowie die selbstständige Ausarbeitung anthroposophischer Inhalte.

13 S. O. Prokofieff, *Die esoterische Bedeutung gemeinsamer geisteswissenschaftlicher Arbeit und die Zukunft der anthroposophischen Gesellschaft*, Stuttgart 2008.

14 Es ist auch bezeichnend, dass die Mitgliederbriefe thematisch in dieser Reihenfolge erschienen: zuerst der 12. Brief «Über die Gestaltung der Zweigabende», dann der erwähnte 13. «Über die Bildnatur des Menschen» und danach derjenige mit dem Titel «Etwas von der

Stimmung, die in den Zweigversammlungen sein sollte»
(14. Brief).

15 In diesen drei ersten Stufen des umgekehrten Kultus lässt
sich ohne Weiteres das dreifache Ideal des wahren Rosenkreuzertums erkennen, welches in der Verbindung
von Wissenschaft, Kunst und Religion (soziales Leben)
besteht.

16 Es ist von besonderer Bedeutung, dass Rudolf Steiner im
selben Vortrag vor allem diese mittlere Eigenschaft mit
dem Wahrnehmen des Christus im Ätherischen in Verbindung bringt.

17 Es ist nicht schwierig, in den drei Eigenschaften, die aus
den Bildern der Engel hervorgehen, die drei Haupteigenschaften der sechsten Kulturepoche zu erkennen (siehe
über die Letztere in GA 159/160, 15.6.1915).

Sergej O. Prokofieff

Die esoterische Bedeutung gemeinsamer geisteswissenschaftlicher Arbeit

und die Zukunft der Anthroposophischen Gesellschaft

Wie im menschlichen Organismus das Herz die lebendige Mitte ist, so muss sich in jeder wahren menschlichen Gemeinschaft eine Art «soziales Herz» bilden, zu dem als ihrem unsichtbaren «Mittelpunkt» die besten und spirituellsten Gefühle der Gemeinschaft hinströmen können.

Verlag Freies Geistesleben

Gundhild Kačer-Bock

**Die Mysteriendramen
im Lebensgang Rudolf Steiners**

Versuch einer Zusammenschau

Wie kommt der Geistesforscher dazu, Dramen zu
verfassen? Was veranlasst Rudolf Steiner, das, was er sagen
will und womit er sich doch in allererster Linie an die
Erkenntnis und das Denken der Menschen richtet, in
künstlerische Form zu gießen? Was führt den Verfasser
der *Philosophie der Freiheit* dazu, «Dichter» zu werden?

Verlag Freies Geistesleben

Peter Selg

«Wie eine Art Gottesdienst»

Rudolf Steiner, die Oberuferer Spiele
und das Weihnachtsfest

Es scheint an der Zeit, zu fragen, warum die Oberuferer
Spiele Rudolf Steiner so wichtig waren. Warum begann
Rudolf Steiner in demselben Jahr, in dem er sein erstes,
der Moderne angehörendes Mysteriendrama in München
zur Aufführung kommen ließ, mit dem Wiederaufgreifen
uralter Spiele? Welches ist ihr konkreter Zusammenhang
mit der anthroposophischen Bewegung?

Verlag Freies Geistesleben

In gleicher Ausstattung ist erschienen

Peter Selg

Das Ereignis der Jordantaufe

Epiphanias im Urchristentum und in der
Anthroposophie Rudolf Steiners

Rudolf Steiner hat zu der zentralen Fragestellung des
Urchristentums «Wie der Sohn Gottes und der Mensch
in Christo sich vereinbaren lassen» weiterführende
Gesichtspunkte eröffnet; seine geisteswissenschaftlichen
Arbeiten bergen nicht nur den Ansatz zu einem grundlegenden Neuverständnis des Weihnachts- und
Epiphanias-Gedankens, sondern auch zur Realisierung
dieser Gedanken in den zivilisatorischen Herausforde-
rungen der Gegenwart.

Verlag Freies Geistesleben